早稲田教育ブックレット No.25

新学習指導要領、どう変わるか

表紙写真：School Books Desk Education Tablet Classroom
(https://www.maxpixel.net/static/photo/1x/School-Books-Desk-Education-Tablet-Classroom-1910018.jpg)

はじめに

このブックレットでは、新たになった学習指導要領に関して、具体的にそれぞれの教科でどういった変化や問題が生じてくるのかを議論、検討しています。それぞれの専門領域からの考察や議論は、私たちの今後に多くの示唆を与えてくれようかと思います。以下で展開されていくのは、学習指導要領の単なる解説や説明ではありません。むしろそこに批判的に踏み込んでいく議論が展開されていきます。

学習指導要領は完全なものでもなければ聖典でもありません。また、それが具体的な教育の素材や方法とどうむすびつくのか、そしてそのときにどういう問題や課題が生じるのかもまた、はっきりしていません。学習指導要領を、ただ従うべき聖典としてではなく、むしろ問題を抱え、それゆえ見直していく必要もあるものとして批判的にとらえ、検討することが必要であることを、このブックレットからうかがうことができようかと思います。

ただ、一方で初等・中等教育の現場では、当然のことながら学習指導要領をただ批判してそれですむわけではありません。それぞれの教員が批判や疑問を抱こうとも、実際に教科書の内容や科目も変わりますし、それに応じた教え方も考えていく必要がでてきます。単に学習指導要領を批判するだけで終わってしまえば、教育の現場とは切り離されたままのむなしい議論となるでしょう。学習指導要領をただ是として盲従するのではなく、また単に批判するにとどまることなく、私たちは、この問題に取り組むことを求められています。

以降での議論ややりとりを通して、おそらく私たちが見出していく必要があるのは指導要領に従う、それに使われるのではなく教育現場にあわせて、あるいは教員自身の問題意識や専門知にあわせて作りかえ、利用していく工夫なのかもしれません。それを実践といってもよいでしょう。実践とはある理念をそのままの形で実行に移すということのみではなく、あるねらいをもって相手や場面に応じてそれを利用する工夫だと私はとらえます。そうした工夫へのヒントや手がかりを、以降の考察や議論は豊富に示してくれようかと思います。

そしてこの講演、討議がなされた二〇二〇年は、学習指導要領の変化よりもはるかに大きな変化が教育現場におこった年となりました。言うまでもなく、新型コロナウィルス感染症の拡大のためで、インターネットを通してのオンラインでの授業形態も高等教育を中心に急速な広がりを見せました。この企画は、もともとは早稲田大学教育総合研究所で年に二回開催されている教育最前線講演会シリーズとして準備されてきたものですが、二〇二〇年七月の開催が中止となり、ようやく一二月に、オンラインで開催される形となりました。

学習指導要領の変化、さらに教育の場に広がる新たな環境・方法の変化という、二重の変容のなかで、私たちは教育を考えていくことになります。ただそれは、新たな可能性を見出していく機会でもあります。オンラインでの活動は、対面での活動の複製でもなければ劣化版でもありません。そもそも対面で行っていた教育が完全で、問題のないものであったわけでもありません。教育の場でも、そして研究の場でも、試行錯誤とともに新たな試みや工夫が無数になされた年となりました。むろん大変ではありましたが、同時に色々な可能性に気づかされた一年でした。

新たな学習指導要領に対する際に、そしてまた新たな教育手段、環境に対する際でも、それまでの教育方法や内容をただ維持することを最善とするなら、これからの教育はそこからの引き算としてしか見えてきません。しかしこの機会に、これまでの教育方法や内容を批判的に問い直し、新しい可能性を拓いていくことができるよう向き合うこともできようかと思います。以降での各論から、そうした可能性を見出していって頂ければ幸いです。

二〇二一年一月吉日

早稲田大学教育総合研究所　所長　和田　敦彦

基調提案

早稲田大学教育・総合科学学術院　教授　佐藤　隆之

それでは、時間になりましたので、第三一回早稲田大学教育総合研究所教育最前線講演会を開催いたします。私は、本日の司会を担当します教育総合研究所副所長の佐藤です。今日はお忙しいところ、オンラインという形ですが、ご参加くださり心よりお礼を申し上げます。開催に先立ちまして、この講演の趣旨を簡単にご説明します。

今回は、新学習指導要領がどう変わるかというテーマを設定しました。学習指導要領が改訂された変革期に、コロナ禍が重なる中、どのようにそれを実施していくのかを検討したいと思います。ご存知のように、今年二〇二〇年からは小学校で、来年二〇二一年には中学校、二〇二二年からは高等学校において年次進行で実施されることになっています。

最近、新聞の「先生の相談室」というコーナーに、「新課程の指導法、どう対応したらよいか」という中学の先生からの質問が載っているのを目にしました（読売新聞二〇二〇年十二月九日朝刊）。そのような質問が出た背景には、コロナ禍で学習会などが困難になり、新しい学習指導要領についてなかなか学ぶ機会がないということがあります。それに対し、解説者の先生は、解説書を読み込み自ら学ぶことを提案されています。今回、このような機会を設けることで、現場の先生を含め、新学習指導要領について一人では学びにくいところがあると思いますので、先生方にご発表をいただき、理解を深められればと思います。

また、同じ日の新聞に、ＴＩＭＳＳの二〇一九年の結果が載っていました。小中理数で高水準、中二数学は過去最高、勉強が楽しい子どもの割合も過去最高であったということでした。だとすると、そもそも何を変えたらいいのか。変えると同時に、残しておくところも必要かもしれません。新しく指導要領を実施するに当たって変えるポイントが大事になってきますが、複数の小さくはない改革が今回の改訂には含まれています。たとえば、文学国語、歴史総合、公共などの新教科があげられます。プログラミング学習が小学校から導入され、英語の四技能が五技能になるなどの大きな変化がありました。それに加えて、ウィズコロナで学習指導要領を実施しなければならない状況にあり、大学も含めてオンライン教育、ハイブリッド型授業、反転授業などが試みられています。

実は、この新型コロナウイルス感染症の蔓延以前から既に、仮想現実、拡張現実、ＡＩの活動などによって、学校教育のあり方が揺らいでいました。たとえば人対人の教育がＡＩなどの導入よって揺らぐ。教育等の一回性、教室でその場限りで行われていた教育が、Anytime、Any-where、いつでもどこでも受けられる教育に変わってきています。それから反転授業は、家庭学習に関わります。大事なことを家庭で学習し、学校ではディスカッションをするということで、今までの公教育と私教育の境界も揺らいできています。そういったことが経験や体験、生活などといった概念に大きな影響を与えているという状況で、どのようにこの学習指導要領を理解し、実施していくかということも検討できればと思っています。

まずは総論として、根津朋実先生にご登壇いただきます。国語の観点からは五味渕典嗣先生にお願いしました。社会については近藤孝弘先生です。算数・数学にはプログラミング学習が含まれますが、山本光先生にお話しいただきます。外国語活動については原田哲男先生にご登壇いただきます。

総じて、「どう変わるか」というのがテーマですが、「どう変えていくのか」ということまで含めて検討できればと思っています。学習指導要領をわれわれの側でどう解釈し、実践していくかについて先生方からご教示いただき、理解を深めていければと思います。どうぞよろしくお願いいたします。

【総論】学習指導の「要領」はどこか

早稲田大学教育・総合科学学術院　教授　根津　朋実

根津朋実と申します。根津と書いてネッツと読みます。総論ということで、スライドを準備しました。お手元にも配布があると思います、そちらで説明します。総論というよりは、どちらかというと前座かなと個人的には思っています。露払いを務めます。

提案の一として、総論、学習指導の「要領」はどこか。学習指導要領という言葉は、戦後のものです。「学習指導の手引き」などの案もあったようですが、法規の一部として扱う際には学習指導要領という言葉がいいだろうということで、こうなったとされています。漢字が続いて、目がチカチカしそうです。今日はかなり偏った見方かもしれませんが、私なりに新学習指導要領の「要領」は一体どこかというところを、ご説明します。

簡単に自己紹介です。早稲田大学には二〇二〇年四月からお世話になっています。若葉マークが付いていて、今日もどういう格好をしてくればいいのか悩みました。録画や記録を考えますと、うかつなことも言えない気がしますが、失言等がありましたら、大目に見ていただきたいと思います。今回の内容に関しては、末席を汚すような形ですが、学習指導要領改訂に際して中央教育審議会の議論を見てきた、一当事者としての責任もあろうかと思っています。

確認ですが、学習指導要領というのは一体どういう文書なのだろうと。これは教育課程編成の基準である、大綱的基準であるという言い方をしますが、教育課程とは何かというところが、説明として難しくもあります。私に言わせれば、教育課程というのは、学校教育の番組です。番組編成という言い方と同じように、教育課程も編成するものです。バラバラなものを寄せ集め、一つのまとまりを作るということで、教育課程編成という言葉があります。各教科、領域等を組み合わせて一つの学校教育としての番組を成立させるためには、何らかのガイドライン、基準が要るわけです。これは、放送等の番組編成の基準と同じように理解できると思います。

もう一つ、学習指導要領には法的な拘束力があります。教職科目の授業等でも、公立学校限定ではないか、私立には適用されないのではないか。あるいは、参照すべきかもしれないが一言一句従わなくていいのではないか、各学校の裁量でいろいろ変えていいのではないか、などと考える学生もいるようです。いくつかの判例等もありますし、法的拘束力というのは、結構きつい言葉です。専門用語ですので、法的規範性などという言い方をすることもありますが、ガイドラインとしてはかなり厳しいという見方ができるかもしれません。

私は二つのたとえを使って説明するのですが、学習指導要領はルールなのか、オリなのか。ルールだと考えれば、最低限のルールを守っていれば好きなようにいろいろやっていいのではと。サッカーでしたら、ゴールキーパー以外は手を使えないというルールがありますが、手を使わなければ何をやってもいいとなるわけです。ところが、これをオリだと考えますと、一歩も外へ出てはいけない、縛られているという側面が強調されがちです。学習指導要領について見れば、これをルールと捉えるか、オリと捉えるかという問題だと思います。

学習指導要領が及ぼす影響は、非常に範囲が広いです。まず検定教科書です。教科書の作成の基準と同時に、検定の基準です。各種の入試の範囲は、学習指導要領に基づいて行われますので、学ぶ学校、教科書が違っても、同じ問題で入試をするという公平性が保たれます。それから指導要録という文書を、学校は備えなければなりません。通知表に法的な作成義務はありませんが、指導要録は必ず作らなければいけません。さらには教職課程で教職の科目が増えたりなくなったりしますし、教員の免許状も変わります。例として、今は高等学校に社会科という教科はありません。今も社会科の免許をお持ちの方がお勤めですが、地理歴史科と公民科になって久しいわけです。関連する教員免許状の更新講習も、当然内容を変えざるを得ません。こう見ますと学習指導要領は、教育課程、学校教育の番組を変えると同時に、社会のありようを変えるほどの力があることになります。例えば、私は高等学校で家庭科を学ばなかった世代です。ある時から、高等学校で、男子も女子も同じように家庭科を学ぶことになったわけです。また、私は生活科を知らない世代です。小学校一年生から理科と社会科の教科書がありました。ですので、二十年、三十年単位で見ますと、学習指導要領は社会のありようにまで影響を及ぼすといえます。

主に小学校学習指導要領の改訂年を確認します。一九四七年、一九五一年は、被占領期です。敗戦後ということですが、一九五八（昭和三十三）年以降何回か変わり、二〇一七（平成二九）年の学習指導要領です。いつになるか先の話ですが、次の学習指導要領についても、そろそろ考える時期に来ています。このような性格を持つ学習指導要領は、「国民形成の設計書」という言い方をされることがあります。私も大変お世話になっている水原克敏先生のご著書の名前です。『学習指導要領は国民形成の設計書』であると。私なりの見方を加えれば、同時に、学習指導要領は一つの「履歴書」でもあります。国民形成をどのようにしてきたか、という足跡です。跡づけるものとしても、見ることができます。

では、新学習指導要領の特徴はどこでしょう。未来の教職課程のテキストはこうまとめる、という想像をしてみました。具体的なところ、あるいは各教科、科目や領域等の内容については、この後、発表が続くわけですが、大きく見れば、先行して教科化された特別の教科、道徳というものを、小学校、中学校で継承したということです。また佐藤先生のお話にもありました、資質、能力です。アクティブ・ラーニングという言葉は使われませんでしたが、「主体的・対話的で深い学び」という言葉もあります。後で説明しますが、カリキュラム・マネジメントという言葉が新たに学習指導要領に登場しました。それから前文の追加も、目新しいところです。

小学校については、新教科「外国語」の設置に伴う外国語活動の移行です。外国語活動は教科ではなく、学年配当が変更になります。注意しておきたいのは、「総合的な学習の時間」の名称変更です。これが「総合的な探究の時間」に変わります。探究のキュウに求めると書いてしまうことが多いのですが、これは究めるです。「探究のキュウは研究のキュウ」と私は言っています。

興味深いことに、文部科学省のサイトで英訳を見ると、だいぶ様子が違います。探究という意味には何が込められているかというと、Inquiry-Based と Cross-Disciplinary です。単に今までの総合的な学習から探究になったというより、やや違うものになったという印象です。もう一つは目立たないところかもしれませんが、教育関係の法規や学習指導要領はあまり英訳されてこなかった経緯がありますけれども、前の指導要領辺りから英訳の試みが出てきており、注目すべきだと思います。総則編は一部の仮訳が公開済みで、各教科等も同様に翻訳中と聞いています。あとは、内容が増えて多くなります。学習指導要領がＡ４判になったときも、だいぶ大きくなったと思いましたが、字は細かくなりますし、厚くなっていきます。ウェブで見られるメリットはありますが、冊子体が重くなっているのが率直な印象です。

では、私の専門でもありますが、カリキュラム・マネジメントのご説明をします。**表１**に下線部が二つありますが、これも既にご承知かと思います。教科等横断的という言葉と、もう一つは教育課程に基づき組織的かつ計画的に各学校の教育活動の質の向上を図っていくこと、というところです。これらについてご説明します。

カリキュラム・マネジメントのキモとしては、質の向上に尽きる、となります。いろいろ書いてあって読みにくい文章ですが、結果的にカリキュラム・マネジメントは何のためにやるのかというと、質の向上です。いろいろと行われる活動が、質の向上に結び付いているかどうかを見るべきだと考えています。

もう一つの教科等横断的という言葉については、少し注意が必要です。これは新しい言葉として出てきているからです。よく似た言葉として、合科的、教科横断的、そして教科等横断的という三つを、雑誌記事の件数で比較した**表２**を示します。一九〇〇年から一九七六年までは大ざっ

表1　カリキュラム・マネジメントについて

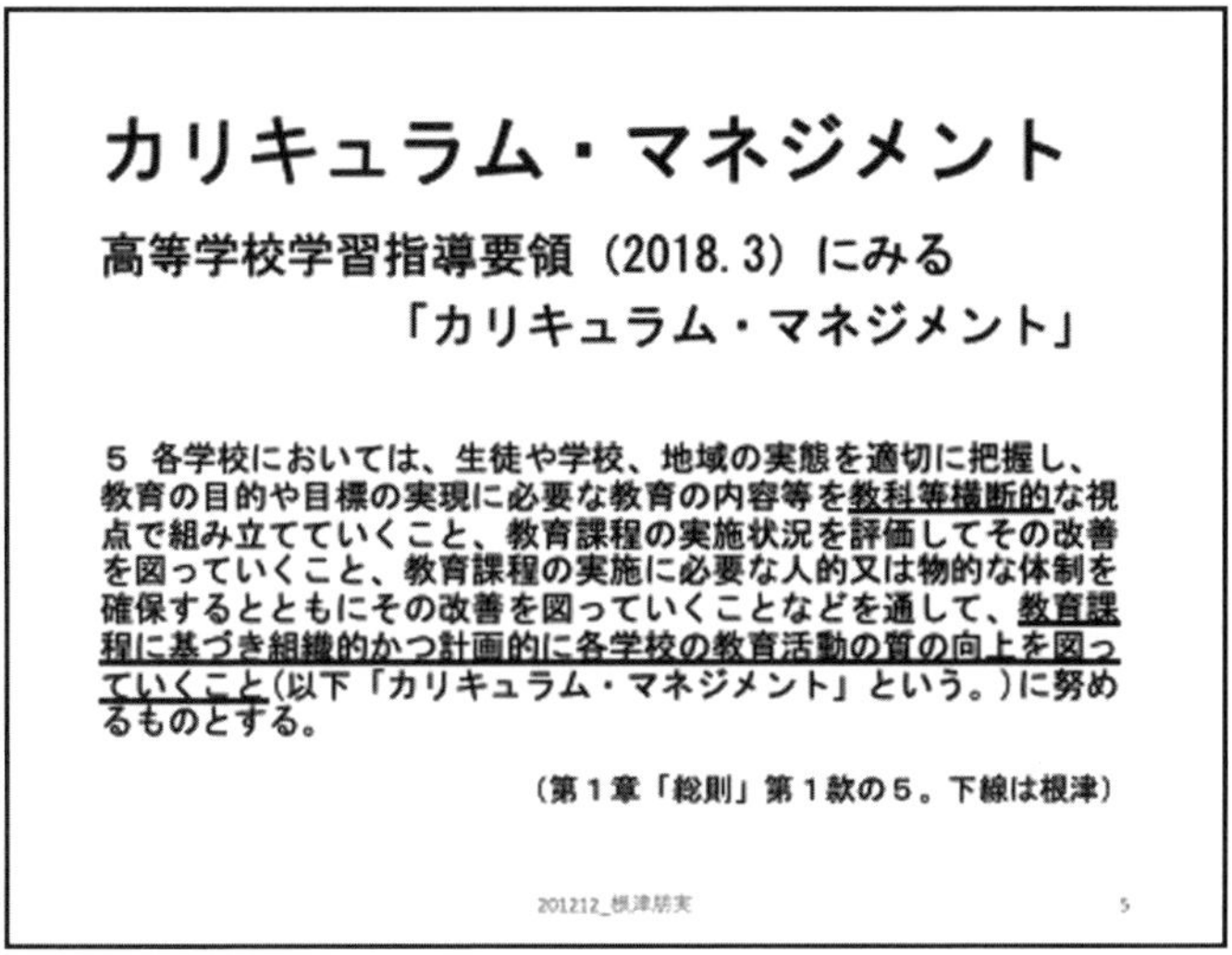
カリキュラム・マネジメント
高等学校学習指導要領（2018.3）にみる
「カリキュラム・マネジメント」
5 各学校においては、生徒や学校、地域の実態を適切に把握し、教育の目的や目標の実現に必要な教育の内容等を教科等横断的な視点で組み立てていくこと、教育課程の実施状況を評価してその改善を図っていくこと、教育課程の実施に必要な人的又は物的な体制を確保するとともにその改善を図っていくことなどを通して、教育課程に基づき組織的かつ計画的に各学校の教育活動の質の向上を図っていくこと（以下「カリキュラム・マネジメント」という。）に努めるものとする。
（第１章「総則」第１款の５。下線は根津）
201212_根津朋実
5

注）下線は筆者
出所）高等学校学習指導要領（2018）

ぱに取っていますが、そこから後は、主に小学校学習指導要領の改訂年に合わせてあります。一九七七（昭和五二）年、一九八九（平成元）年、一九九八（平成一〇）年、二〇〇八（平成二〇）年、そして今回の二〇一七（平成二九）年改訂です。こう見ますと、合科的は一九七〇年代に増えています。生活科の導入が、一九八九年ですから、その前です。合科という機運が高まり、一九八九年に生活科が導入されます。では教科横断的はというと、一九九八（平成一〇）年、総合的な学習の時間の設置です。ここが大きいです。そして教科等横断的については、これまでほとんど用いられていないことも確認でき、今回の新学習指導要領以降に急増していると分かります。

今、申し上げたところをまとめます。

表２　「教科等横断的」とは

「教科等横断的」とは

表　雑誌記事の件数にみる用語の変遷　（件）

期間 / 検索語	1900-1976	1977-1988	1989-1997	1998-2007	2008-2016	2017-2020+
合科的	2	33	26	27	45	33
教科横断的	0	0	1	45	121	150
教科等横断的	0	0	0	0	0	88

CiNii（https://ci.nii.ac.jp　サイニィ、NII学術情報ナビゲータ（国立情報学研究所））による。
根津作成（2020.7.12）。

201212_根津朋実　　7

合科的というのは、小学校生活科の先駆けと見ることができますし、教科横断的と総合的な学習の時間との関係も、一応うかがえるでしょう。クロスカリキュラムという言葉が紹介された時期でもあります。総合的な学習の時間とは何をすればいいのか、二〇年前にはだいぶ議論になりました。総合と統合の違いなども、研究課題として盛んに論じられたときです。重要語として教科等横断的は、二〇一七年学習指導要領において初めて出てきました。少し意外でしたので私も調べてみましたが、教科横断的という言葉は、学習指導要領に出てきていないのです。政策文書等では「横断的・総合的」でも、では何を横断して何を総合するのかというと、やはりそれは教科をはじめとする領域等だろうとなるわけです。この教科等の「等」があるかないかが、結構大きいということです。

例を少し持ってきました。今日のお話は高等学校が中心かとも思うのですが、そうでもないですね、小学校もありますね。小学校の学習指導要領の解説本で、「総則編」から持ってきたのですが、「付録」（付録6）があります。ある意味、私が話してきたカリキュラム・マネジメント、教科等横断的、そして総合的な学習の時間と結び付くところです。いくつか例があるのです。伝統や文化に関する教育以外にも、例えば海洋に関するものなど、他にもいろいろあります。そうなってきますと、総則にどう書いてあるかだけではなく、国語科ではこの内容はこのようにできます、社会科ではこのようになります、何年生のどこで、というところですね。少し戻って、音楽科ではどうなのか。見開きで作ってあるので、このような体裁になっているのですが、さらに図画工作科ではこう、家庭科ではこのテーマについてこう扱います、特別の教科、道徳についてはこう、総合的な学習の時間についてはこう、という感じになっています。まだあります。外国語活動では、外国語科も含めて小学校の話ですので、このように扱います。特別活動ではこうですと、非常に多くの教科、そして教科外のものが組み合わさり、伝統や文化に関する教育を、現代的な諸課題に関する教科等横断的な教育内容として示している。これが一つの例だと思います。

この「付録」は小学校と中学校にはあるのですが、高等学校にはないのです。なぜないのかというのは、先ほど申し上げましたように、英訳の違い等を見たときに、探究の場合には、この付録のようではない示し方を考えているのかなと思います。このようにカリキュラム・マネジメントという言葉一つ取ってみても、総合的な学習の時間との関連が深いです。そのときの視点としては、教科等横断的な視点を要するもので、それによる教育活動の質の向上を図ることが、今回の学習指導要領で目指されているところだと思います。

ただ、そうなってくると、総合的な学習の時間の経験値が問われます。導入されて二十年ほどたちますが、導入当初は、学校週五日制等の議論もあり、学力低下が喧伝《けんでん》されたところです。先ほどのＴＩＭＳＳ、あるいはＯＥＣＤ‐ＰＩＳＡ等もありますが、学力低下論という中で、総合的な学習の時間の定型化、前例踏襲型、パターン化などもあったと聞きますし、一部テコ入れということで、学習指導要領の改訂等も行われた経緯があります。そう見ますと高等学校の場合、総合的な学習の時間が進路指導に偏り過ぎという認識が発端でもあるのですが、二〇〇六年の未履修問題もありました。ですので、小中とは違った、バージョンアップした総合的な探究の時間が構想されている、という見方もできます。約二〇年前ですが導入当初、私がよく覚えていますのは、当時の文部省の方が、絶対に総合はなくしませんと講演会でよくおっしゃっていたことです。学校の先生や研究者の受け止め方としては、あれはいつまで続くのか、次の改訂でなくなるのではとも言われました。最初は総則の一部に書いてあるだけでしたが、目次に入って、大学でも指導法等で扱うようになり、今回の教職課程でも独立して扱われることになりました。いよいよ、あって当然となりつつあります。その中で、どう質を向上させていくかが、次なる課題だろうと思います。質の向上がどう図られてきたかは、まだまだ課題があるかなと思います。

「おわりに：まとめにかえて」というところで、何とも締まりのない前座で申し訳ないのですが、先ほどの「どう変わるか」、あるいは「どう変えるか」もですが、私の一つの論点は、「何のためにそれは変わるのか」、「何のためにそれを変えるのか」です。それは質を良くしていくことですし、カリキュラム・マネジメントのキモに当たる部分です。その手立ては、実際には教科、そして教科以外の領域、教科外と呼ばれるところですが、各領域等により、多種多様です。

日本は人口規模として大きい国の一つです。各地域、各学校等によっても多種多様で、唯一絶対のカリキュラム・マネジメントはこうやればいい、というモデルがあるわけではありません。かなりの小規模校から大規模校までが、同じ法規の下で動いているのが現実だと思います。ですので、よく考えてくださいという、まさに先生方ご自身がアクティブ・ラーニングをしなければいけない状況というのが、今回の学習指導要領にはある気がします。文科省もいろいろと情報を提供しています。各種の研修、特にオンラインも含め校内研修に使えるようなものを、教職員支援機構等を通じて案内するなど、情報は提供されています。ですので、あとは実践者の方々がどうお考えになって、どのように進めるかにかかってくると思います。

先ほど少し触れましたが、もう次の学習指導要領なのです。新学習指導要領が二〇一七年以降に告示されて、全面実施が二〇二〇年の小学校から始まっていますが、その学習指導要領ではなく、もうひとつ先です。これをどうしようかというところで、審議といいますか、議論が始まっています。この先さらにどう変わっていくかは、引き続き注目する必要があります。

大体二〇分は過ぎました。前座としてはこれで十分かと思いますので、失礼させていただきます。どうもありがとうございました。

【国語】「文学国語」の使い方――新学習指導要領実施を見すえて

早稲田大学教育・総合科学学術院　教授　五味渕　典嗣

教育・総合科学学術院の五味渕と申します。よろしくお願いします。

本日は、このような機会を頂戴して、たいへん光栄に存じております。Ｚｏｏｍのウェビナーを使った報告ははじめてで、あたふたするところがあるかと思いますが、ご容赦願えれば幸いです。本日は、「文学国語」の使い方というタイトルで、高等学校国語科の新学習指導要領について、私なりの話題提供ができればと考えています。

最初に、ごく簡単に自己紹介をいたします。私の専攻は日本語の近現代文学・文化の研究です。とくに現在は日中戦争期、アジア太平洋戦争期の文学や文化について、表現と統制、プロパガンダなどを中心に勉強しています。加えて、最初の専任教員としての勤め先が高等学校で、その後異動した都内の女子大学では、中学・高校の教員養成系の科目を担当していました。そうした関係で、文学研究者という立場ではありますが、高等学校での国語科の問題には、ずっと関心を持ってきました。とくに今回の高校国語の新学習指導要領については、二〇一八年七月に文部科学省が指導要領「解説」を発表した直後から、批判的な立場で問題提起をしてきました。本日も、基本的にはその立場からお話をするつもりです。

「上からの改革」の挫折

まず、この間の高校国語をめぐる状況の確認と、本日の話題提供のねらいを申し上げるところから本題に入ります。この件は、すでに報道等で多く語られていますし、ここにお集まりの方はご存じの方ばかりかと思いますが、簡単に経緯だけを確認しておきます。

今回の高校新学習指導要領については、「戦後最大の改革」を謳われた高校国語科のカリキュラムと内容面の改編が、大きな論点となりました。問題が大きくなった理由の一つは、この「改革」が、文科省が言うところの「高大接続改革」とリンクしていたことにあります。これもご存じの通り、いわゆる「高大接続改革」の目玉は、英語における民間試験導入と、大学入学共通テストにおける国語・数学への記述式問題の導入だったわけです。そして、国語について言えば、共通テストの試行調査（プレテスト）の内容が、新しい国語科の中身を先取るかたちになっていました。まだ実施されていない学習指導要領の中身を共通テストが先取るかたちとなっていたことが、紅野謙介さんの著書をはじめとする批判を招く一因となっていたわけです[1]。

これも確認になりますが、二〇一九年から二〇二〇年にかけて、新指導要領がデザインした新しい高校国語をめぐって、新聞や週刊誌、文芸誌や論壇誌などで、主に批判的な立場から特集が組まれていきます。『すばる』二〇一九年七月号「教育が変わる　教育を変える」、『文學界』二〇一九年九月号「『文学なき国語教育』が危うい！」、『中央公論』二〇一九年一二月号「国語の大論争」などです。この他、『東京新聞』や『日本経済新聞』『読売新聞』『朝日新聞』などの新聞各紙、『AERA』のような週刊誌でも、相次いで高校国語改革をめぐるインタビューや論説記事が掲げられるという、異例とも言える事態が続きました。

団体や学協会レベルでの発言も相次いでいます。早いところでは、二〇一九年一月に、日本文藝家協会が高校国語のカリキュラムに関する声明を発表しています（「高校・大学接続『国語』改革についての声明」）。八月には、日本文学関係の十六学協会が「『高等学校国語・新学習指導要領』に関する見解」を出し、カリキュラムや教科書検定に対する危惧を表明しています。いま話題の日本学術会議も、今年（二〇二〇年）六月に「高校国語教育の改善に向けて」という提言（日本学術会議言語・文学委員会　古典と言語分科会）を出しています。学術会議もちゃんと仕事をしています。高校国語の新学習指導要領での科目編成について、批判的な見解というか、「改善」に向けての見解を打ち出しているところです。

こうした世論の盛り上がりもあって、皆さんもご存じのように、二〇一九年末から二〇二〇年のはじめにかけて、英語の民間試験導入の「延期」、共通テストでの記述式問題導入の「取りやめ」が発表されていきます。率直に申し上げて、このコロナ禍を考えれば、私個人としてはストップがかけられて本当に良かった、と思わざるを得ません。

ですが、問題はむしろここからだ、とも思います。高校国語に関しても、いわば「上からの改革」については、いったんブレーキをかけることができました。ですが、次に問われるのは、むしろ新指導要領を批判してきた側だと思うのです。

この間の新指導要領に対する批判、高校国語の新しいあり方に対する批判の中には、現状に無頓着、と言ったらいいのでしょうか、現状をあまりご存じではないと思われる方のものや、問いの立て方が適切ではないものも含まれていたと感じています。冒頭の佐藤先生のご発言にもありましたが、新指導要領の実施を控えたタイミングで必要なことは、いよいよ動き始める枠組みを「どう使うのか」だと思います。この「使う」という言葉を、単に与えられた枠組みに従う、というのではなく、この内容をいかに主体的に使いこなしていくか、読み替えていくか、という意味を込めて使いたいと私は思っています。そして、この次のステップも見すえながら、新しい高校国語の科目編成や、それを支える思想を改めて批判的に対象化する視点も必要ではないか、と思います。

二つの「文学」

以上の問題意識を表現するために、ここでは、新しく選択科目として高校に設置される「文学国語」という科目に注目し、その「使い方」について考えてみたいと思います。

これもまた確認となりますが、念のため、新指導要領にもとづく新しい高校国語の科目内容を確認しておきます。現行の課程では必履修科目として「国語総合」四単位、選択科目として「国語表現」「現代文A」「現代文B」「古典A」「古典B」が二〜四単位で置かれていましたが、これが新課程では、必履修科目が「現代の国語」「言語文化」各二単位、選択科目はすべて四単位のものとして、「論理国語」「文学国語」「国語表現」「古典探究」という科目になります。皆さんもご存じのように、二〇二二年度から新しい課程の「現代の国語」「言語文化」がスタートします。二〇二三年度には選択科目も始まっていくというタイミングです。

こうした科目編成のあり方や、各科目が想定した内容については、それこそ紅野さんをはじめ多くの論者がさまざまな問題を提起しているので、そちらをご参照ください。時間の都合で、ここでは選択科目の「文学国語」に議論を集中させたいと考えています。この文学国語に関しては、東京大学の安藤宏さんが非常に重たい批判をされています。安藤さんとは、現在教科書の編集の現場で一緒に仕事をしていますが、安藤さんは、日本学術会議が高校国語のシンポジウムを行った際のご発言（「国語教育の将来―新学習指導要領を問う」二〇一九年八月一日、日本学術会議講堂）の中で、「文学国語」の教科書検定がとても心配だとおっしゃるのです[2]。教科書検定の現場で教科書の教材文に対し、検定でもし何か意見が付く、これはどうなのか、という話題が出てしまったとすれば、結果的に文部科学省が「文学国語」にふさわしい「文学」とはどのようなものかを判断することになってしまう、ということです。大げさな言い方をすると、文科省という国家機関が、「文学」かそうでないか、という線引きをすることになってしまう。この批判には、なるほどと思うところがありました。

そうした批判に加え、もう少しだけ科目の中に立ち入って議論をしたいと思います。理由は二つあります。まず一つは、この科目を支える基本的な考え方に、今回の新しい高校国語をプログラムした側の考え方がよく現れていると私が思っているからです。もう一つは、今後この科目をどうするかが、これからの高校国語の未来図にも関わると考えているところがあります。本日は時間の都合で、具体的な授業内容にまで議論は届けられませんが、少なくともこの科目は新しいきっかけになると思っているところはあります。

まず前者からです。ここでは新学習指導要領本体というよりは、二〇一八年七月に公表された学習指導要領解説の方を分析対象とします。この解説での解釈と説明が、新学習指導要領というテキストをどう読んでもらいたいかという設計側の願望が現れていると考えるからです。たとえば、この解説では、「文学国語」という科目が次のように説明されます。

国語は、長い歴史の中で形成されてきた我が国の文化の基盤をなすものであり、また文化そのものでもある。特に文学は、人々の心の機微を描き、日常の世界を見つめなおす契機として、我々の文化を築く上で重要な役割を果たしてきた。豊かな感性や情緒を備え、幅広い知識や教養をもち、思考力、判断力、表現力等を身に付けるためには、文学作品などの文学的文章を通した様々な学習が必要不可欠であり、今後の文化の継承と創造にも欠くことができないものである。

重要なのは、この引用の一文目と二文目です。「国語は、長い歴史の中で形成されてきた我が国の文化の基盤をなすものであり、また文化そのものでもある」「特に文学は、人々の心の機微を描き、日常の世界を見つめなおす契機として、我々の文化を築く上で重要な役割を果たしてきた」という説明の部分です。

ここでのポイントは、やはり二つあります。第一に、「国語」が、「我が国の文化の基盤」であり、「文化そのもの」と同一視されている、ということです。そして、その中に「文学」が含まれる、という構図になっています。つまり、「文学」が「国語」の下に置かれている、「国語」に従属させられている、と言えます。もう一つのポイントは、「文学」が、「豊かな感性や情緒」「人々の心の機微」、つまり情動性と結び付けられている、ということです。つまり「文学」とは、個人の心や感性、内面の問題だということです。その結果、たいへん興味深いのは、この文章の中で、「文学」は「世界を見つめなおす契機」とは書かれません。あくまで、「日常の世界」を「見つめなおす契機」と位置づけられています。

すなわち、この解説のレベルでは、「文学」が広く社会的な問題と接続する、という問題意識は背景に追いやられています。おそらく「論理国語」との差異化をしなければ、という発想ゆえだろうかと邪推しているのですが、こうした「文学」理解というものは、少なくとも私のような近現代の文学研究者から見ると、たいへん違和感があるものです。

というのも、そもそも近代の日本文学研究や批評は、伝統的な私小説批判が典型的ですが、文学の社会性や、文学と社会のつながりをずっと問うてきたわけです。とくに私など、戦争文学を勉強している者から見ると、文学が「感性や情緒」、「心の機微」に関わるものだとはとてもではないですが言えません。むしろ、そのように言われることで、いろいろな問題が起こってきたと考えるのが現在の研究の焦点となっているところがあります。

また、私自身もそういう勉強をしているのですが、現在の日本の近現代文学研究では、近代における文学や文化とナショナリズム、植民地主義の問題を批判的に検討するという研究が多く出ています。その中では、例えば旧植民地出身者の文学活動、外国ルーツの書き手による文学活動、あるいは移民先、在外日本列島出身者による文学活動なども含め、「日本語は日本人だけのものではない」という立場から、日本語の文学を考える研究がいま盛んに進められています。ですので、そういう立場から、科目「文学国語」で想定されている「文学」の理解をひるがえって考えてみると、日本語の近現代文学研究者が想定している「文学」と、ずいぶんズレがある、という感じがします。

ありていに申し上げれば、「文学」を考えるパラダイムが違っているのではないか、という気がするのです。これが深刻な問題と思うのは、例えば教員を志望する学生さんが、大学や大学院で学ぶ「文学」の考え方と、高校現場で教える、学ばれる「文学」とがまるで違う枠組み、パラダイムで動いている、ということです。もちろん中等教育と高等教育の役割は違いますから、その二つが同一であるべき、とまでは思いません。しかし、学生さんが大学や大学院で学ぶ「文学」と高校の教室で求められる「文学」の理解とがあまりにもかけ離れてしまうというのは、なかなかに無視できない問題ではないかと思います。現在も教職課程の「教科に関する科目」という位置付けで、「国文学」「日本文学」が学ばれていますが、その点から考えても、この二つがあまりかけ離れてしまうのは良くないと考えます。この点に関しては、もっと文学研究と教科教育研究で対話と議論が必要だと考えるところです。

「文学国語」の使い方

こうした問題も含め、新科目「文学国語」でどういう教育ができるのか、どのような授業ができるのかはいまだに明確ではない、というのが現状ではないかと想像します。新しい高校国語の科目編成に関しては、いまだにカリキュラムを決めかねている学校もあるように仄聞しています。おそらく「論理国語」以上に、「文学国語」というのは、何ができる科目、何をする科目なのかがイメージできないという先生方が多いのではないかと感じます。

その点で、つい最近ですが、評論家の大塚英志さんが『文学国語入門』（星海社新書、二〇二〇年）という本を出されました。「悪名高き『文学国語』新指導要領を逆手に取り、『他者』と生き『社会』と関わる文学を学ぶ」という挑発的な帯文が書かれていますが、私自身は、この本に書かれている大塚さんの考え方に賛成できないところも少なくないのです。でも一方で、まさにこういう試みが必要ではないかと思います。というのは、新科目「文学国語」はまだまだ未開拓というか、「論理国語」以上にいろいろなことができる可能性がある科目だと個人的には思っています。ですが、現在の現場の先生方の状況を考えれば、新しい科目ができました、どうぞやってみてください、それぞれの創意工夫でお願いします、というのは難しいところもあるのではないでしょうか。であれば、例えば私のような近現代の文学の研究者が投げ込みでもできるような授業のパッケージを提供する、あるいは素材を提供するということは、あってしかるべきではないかと思うわけです。

先ほど所長の和田先生もおっしゃっていましたが、このコロナ禍の結果、幸か不幸か、幸なのでしょうけれども、多くの大学教員は、最低限のオンライン授業のスキルをもう身に付けたわけです。オンデマンドの講義コンテンツ動画を作ることもできるようになった。であれば、そこから進んで、例えば短い解説動画を作り、高校の授業の導入や展開に使ってもらうということもあってよいのでは、と考えるわけです。

というわけで、私の問題提起のまとめをしておきたいと思います。第一に、科目「文学国語」の指導要領解説に典型的に現れている「文学」理解というのは、やはり見直しが必要ではないかと思います。「文学」を個人の内面や情動、小さな生活世界に閉ざすことなく、広く社会や政治経済も含めて見つめ直すことができるものとして「文学」を再定義する必要があることは、あらためて申し上げておきたいと思います。そしてもう一つは、この科目「文学国語」を、中等教育と高等教育の「文学」が出会い直す接続点として捉え返すことができないか、ということです。

今回の一連の高校国語新指導要領批判と大学入学共通テストでの記述式問題導入への反対運動というのは、その副産物として校種、公立・私立、学校と塾・予備校など、いろいろな関係者の枠や壁を超えて、高校国語について議論をする一つの機会になったと実感しています。新科目「文学国語」は、その中で生まれた新しいつながりを、次のステップにつなげていく対話のチャネルの一つとなる可能性を秘めているのではないか。その意味でも、「文学国語」には使える余地がある。私自身は、そのように考えているところです。

いささか青臭い話になってしまいましたが、ここで私の発言を終えたいと思います。ご清聴ありがとうございました。

注

（1）紅野謙介『国語教育の危機　大学入学共通テストと新学習指導要領』（ちくま新書、二〇一八年）、『国語教育　混迷する改革』（ちくま新書、二〇二〇年）など。

（2）同じ内容は、東京大学文学部広報委員会編『ことばの危機　大学入試改革・教育政策を問う』（集英社新書、二〇二〇年）での発言の中でも触れられている。

［付記］　本稿の内容は、既発表の拙稿「文学の貧困　「文学国語」を脱構築する」（『現代思想』二〇二〇年四月）をもとに、新たな論点を補ったものである。

【社会】新科目「歴史総合」と「公共」の可能性について

早稲田大学教育・総合科学学術院　教授　近藤　孝弘

はじめに

本日は、高校の新科目である歴史総合と公共について話をさせていただきます。

私は、普段はドイツを中心に歴史政策や政治教育政策の研究をしておりまして、日本の学習指導要領については通り一遍の知識しかないものですから、表面的な分析になってしまうところが多いかと思います。ですので、これからの話は一つの問題提起としてお聞きいただければありがたいところです。

さて、時間の関係もありますので結論から入らせていただきますと、歴史総合と公共のいずれについても、今回の学習指導要領は拙速と言わざるを得ないと私は考えています。

まず歴史総合については、目指している方向は妥当だと思います。とはいえ、残された課題が大きすぎるというのが率直な印象です。また公共のほうも、評価できる部分はありますが、それは従来の現代社会という科目を改訂する形でもできたし、その方が良かったのではないかと考えます。

では、ここからは、なぜこのように私が批判的なのかを説明する形で報告を進めさせていただきます。最初に、二つの新科目が設定されるに至った経緯を確認しておきたいと思います。

導入の経緯

まず歴史総合が設置されたきっかけには、二〇〇六年のいわゆる世界史未履修問題があります。また公共については、二〇一〇年の自民党のマニフェストで、その新科目の設置が求められて、その後、選挙権年齢の引き下げがなされたということが重要です(1)。

このうち世界史未履修問題というのは、世界史AかBのいずれかが選択必修であるにもかかわらず、少なくない高校でその時間が他教科に割り当てられていたということだけを指しているのではありません。重要なのは、各地で行われていた不正に注目が集まるなか、右派の論客を中心に、むしろ世界史が必修なのがおかしい、日本人を育てるのだから日本史こそ必修にすべきだという形で、教育課程に対する批判が生じたということです。

常識的に考えて、これはあり得ない議論です。日本国の有権者にとって日本の歴史、特に近現代史の知識が重要だというのはその通りですが、すでに小中学校の歴史教育が基本的に日本史の内容を中心に構成されています。つまり高校で世界史を必修から外すと、高等教育を受けない生徒はもちろん、大学生もかなりの部分が日本以外の歴史的知識をほとんど持たずに入学し、おそらくそのまま社会に出ていくことになります。外国の歴史についての知識の乏しい主権者が増えていけば、政治的、また文化的にも、この国が世界からはじき出されてしまう危険性が高くなると考えるのが普通だと思うのですが、世界史未履修問題については、そういうリスクまで含めて理解する必要があります。

さて、いま二つの新科目の導入の背景についてお話ししましたが、ここからは順番に、こうした背景の下で実際にどのような教育課程の改訂が行われ、その結果どういう問題が生じているのかを見ていきたいと思います。

歴史総合の特徴　（一）世界史教育と日本史教育の統合

まず歴史総合についてですが、その特徴は大きく二つに分けて捉えることができます。

一つは言うまでもないことですが、従来の世界史と日本史の内容を、近現代史だけとはいえ統合した科目であるということです。この形が、いま申し上げた日本史こそ必修にすべきだという意見と、世界史必修は譲れないという考え方の一種の妥協の結果であるのは間違いありません。ただ、だから駄目ということにはならないと思います。たとえば、私が研究対象にしているドイツには、自国史教育と世界史教育の区別はありません。ちなみにフランスにもオーストリアにもそういう区別はないわけです。こういう諸外国の例を見ていますと、そもそも世界史と日本史を分けることに必然性があるようには思えません。今回は世界史探究と日本史探究という従来のB科目二つを残しているわけですが、市民的教養の育成という観点からは、近現代史だけでも世界史と日本史を結び付けた学習を提供することに意味はあると私は考えます。

ただ、世界史と日本史を統合するのは、一般に思われるほど簡単ではありません。二つの科目には、その性格にかなりの違いがあります。さらに、異なる性格を持つ二科目を有意義に統合するだけの歴史教育学的な準備が十分ではないという問題も重要です。

まず、世界史と日本史の差異について簡単に申しますと、日本史の方は、ある時代のある状況や出来事が次の時代にはどうなったのかという時系列的な変化、いわゆる縦のつながりを重視する傾向があるのに対して、世界史には、横への指向、つまりある時代の世界を俯瞰しようとする姿勢が強いという違いがあります。もちろんこうした差異は相対的なものですが、ただ、この二科目を統合しようとすると、どちらの考え方を重視するのかという問題が随所で生じることになります。

また、近年の教育方法に関する改革論議の中で目指されている方向にも、微妙な違いが見られます。具体的には、世界史教育では、たとえば人名や出来事に関するあまりにも多い用語を減らして、代わりに「市民」や「議会制」といった抽象的かつ重要な歴史用語を正確に使えるようにする学習にウェイトを移していく動きがあります。その一方で、歴史資料の扱いについては、その多くが外国語で書かれているために、授業でできることにはどうしても限りがあります。

それに対して日本史教育においては、いまお話ししたような抽象的な用語への関心よりも、むしろ資料の読み取りなど、活動的な学習のあり方に関心が向かっているように思われます。

こうした二つの歴史教育を統合しようというのですから、歴史総合という新科目の導入が全国の教室に相当の負担をかけるのは言うまでもありません。また現実問題としては、世界史と日本史の両方について得意な教員ばかりではないということも真剣に考える必要があります。この問題は、活動的な学習を取り入れようとするほど、深刻な意味を持ってきます。

歴史総合の特徴　（二）新しい学力観の導入

さて、教育内容の問題に続きまして、歴史総合の二つ目の特徴として取り上げるべきは、そこでは言わずと知れた新しい学力観が採用されているということです。正確にいえば、これは歴史総合だけでなく、あるいは歴史科目だけでもなく、他の教科にも共通していますし、その一方で、実は必ずしも新しい考え方ではありません。つまり、これまでの学習指導要領にも同じような学力観を見ることができます。ちなみに新学習指導要領は、資料の分析やそれに基づく歴史的な思考を文章で表現するようあらゆる単元で求めていますが、こうした方向性自体は、諸外国の歴史教育に共通するものでもあります。日本の場合は、むしろ遅すぎたくらいで、たとえばドイツと比べると五〇年ぐらい遅れているという印象を私は持っています。ここには日本の入試制度などの厄介な問題が絡んでいますが、いずれにしても今回示された方針は、常識的なものと言って良いと思います。

ただ、新学習指導要領がドイツの例と違うのは、資料活用の能力や表現力の育成を求めるだけでなく、たとえば一八世紀から一九世紀を扱う場合、さらには二〇世紀前半を扱う場合にも、「自由と制限、平等と格差、開発と保全、統合と分化、対立と協調」という観点から主題を設定して学習を進めるようにと、画一的な要求をしていることです。こういう対概念で観点を示すのは公民の教育課程も同じで、今回の学習指導要領を貫く一つの特徴ですが、さすがにこれはやり過ぎだと私は思います。こうした観点が示されているのには、授業づくりの手掛かりを提供するという意味があるのでしょうが、歴史理解というのは個別的な事実の認識からなっているわけで、この五つの視点では捉えられないものが当然あるはずです。たとえば原爆について教えるとき、「自由と制限」が良いのか、「対立と協調」が良いのか、どうなのでしょうか。いずれにしてもかなり歪んだ理解になるのは明らかです。あるいは、扱えなくなるかもしれません。そして、これが意味しているのは、こうした枠組みで教えるよう求めること自体に問題があるということです。

足りない授業時間

これまで、ある意味で自明の特徴について確認してきましたが、最後にもう一つ深刻な問題を指摘したいと思います。それはこの科目に課された目標と与えられた授業時間数のあいだでバランスが取れていないということです。要するに、どう考えても授業時間が足りません。世界史Aと日本史Aという従来の二つの二単位科目の範囲を足して、それにもかかわらず、歴史総合は二単位分の授業時間しかないのですから、大ざっぱに言って、元の内容をそれぞれ半分程度にしないと時間が足りないことになります。さらに、活動的な学習活動を展開すれば、同じ量の内容を学ぶのにも、より多くの時間が必要になり、扱える内容は少なくならざるを得ません。

この点についてはは実際の教科書を見ないと何とも言えませんが、少なくとも学習指導要領からは、配慮が充分ではないという印象を受けます。また、より重要なのは、教育内容の削減が必要なことは分かっていても、具体的に何を削ればいいのかについては、誰も自信を持って言えなかったということです。もちろん私が知っている範囲でも、新科目のための私案を発表された方は何人かいらっしゃいます。文部科学省も実験校を指定し、そこでは試行カリキュラムの検討がなされました。とはいえ、今回の学習指導要領は、そうした結果を充分に分析、評価した上で作成されたとは言いがたいところです。とりまとめに当たった方の努力には頭が下がりますが、そもそも全国の関係者を納得させられるだけの分析や評価を行う基準が未だないというところに、根本的な問題があります。

この点に関しまして、念のために申し上げますと、本質的な問題として、日本の初等・中等教育では、歴史の授業時間がそもそも少なすぎるという現実が以前からあります。小学校の歴史の時間は多めに見て週三コマ分、中学校で四コマ弱です。そして今回歴史総合が二コマですから、合計で九コマ弱しかありません。この数は、たとえばドイツのギムナジウムと比べますと（ドイツは州によって教育課程が様々ですが）、歴史の授業時間数が一番少ない州のレベル以下ということになります。ちなみに一番多い州では二一コマですが[2]、そうなりますと世界史探究と日本史探究を足しても遠く及びません。こう考えますと、本当に歴史総合は教えられるのかという疑問については、歴史教育学の責任とばかりも言えません。つまり元々の立て付けに無理があるのです。そして、そういう意味でも今回の改革は問題の本質に取り組むことができていないと言わざるを得ないわけです。

公共の特徴と問題点

さて、ここからは公共に目を転じてまいりたいと思います。公共についても、今回どのような教育課程の改訂が行われ、その結果どういう問題が生じているのかという観点から簡潔にお話しします。

まず、公共は新科目ではありますが、従来の現代社会を引き継ぐ面が大きいことを確認しておく必要があります。たとえば文部科学省は、学習指導要領の新旧対照表をウェブサイトで公開していますが、[3]それによりますと公共の内容の多くは従来の現代社会を引き継いでいて、一部に倫理の内容が取り入れられています。元々の現代社会は、その内容のほとんどが政治経済と倫理の内容から構成されていましたので、そういう意味では、今回の改訂で倫理のウェイトが増えて政治経済が減ったと見ることもできます。ただ、これが意味しているのは、現代社会という科目は、もともと公民総合とでも呼ぶべきものだったということです。ですから、本当は内容に手を加えないほうが、歴史総合や地理総合との間で統一性があったはずです。それにもかかわらず、今回、公共という新科目を作ったのは、最初に申し上げましたように、自民党の要求に応えるためでした。具体的には、小中学校で道徳を教科化するのに併せて、高校で道徳教育を行う科目として、それは新設されたわけです。

もう少し具体的に見ていきますと、公共の学習指導要領では、「現代社会に生きる人間としての在り方、生き方についての自覚を深める」ということが教育目標として記されています。ちなみに似たようなフレーズとして、倫理には、「人間としての在り方、生き方に関わる事象や課題について主体的に追究する」という表現を見ることができます。

この二つを見比べますと、私の意見では、倫理のほうが分かりやすいのではないかと思います。つまり人間の在り方、生き方にはいろいろな形があり、それぞれ課題がありますから、それらについて理解し、考察することが学習の目標になるというのは納得できます。

その一方で、公共の規定は、正直なところ、読みにくいと言わなければなりません。おそらく、目標にある「自覚」という言葉は自分についての認識を意味しているでしょうから、そこで想定されている「人間としての在り方、生き方」というのは、結局のところ自分の在り方、生き方なのだろうと思います。つまり、良い生き方をせよ、あるいは良い生き方をさせよ、と言いたいのだろうと推測されるわけで、そういうところに道徳教育としてのこの科目の特徴がうかがわれるのですが、そもそも分かりにくい文章であるのは確かです。

こうした目標規定につきましては、いま道徳教育に力を入れる必要が本当にあるのかということを含めて、様々な疑問が生じてくるかと思いますが、少し冷静に学習指導要領を眺めてみますと、公共においては、どうやら道徳という言葉のもとで、たとえば何らかの美徳や礼儀などを身に付けさせる教育活動ではなく、民主主義や法の支配などの社会の構成原理について学び、権利と責任といった観点から政治的な判断ができる市民を育成することが目指されているように見えます。

果たして、これが二〇一〇年に提唱された際に考えられていたことかどうかは分かりません。しかし、結果的にそうなっているようです。これはおそらく議論をする道徳という近年の考え方とも重なっていて、それについては真剣に検討する価値があると思われます。

問題は、ではいま申し上げたような授業が実際にどの程度に実現するかと考えるとき、楽観的ではいられないということです。たとえば、学習指導要領の文章が意味の分かりにくいものとなっていることからも推測されるように、敢えて言えば哲学的ないし政治哲学的な内容の教育というのは、残念ながら、これまでの高校の教育・学習文化に合っていません。哲学教育の重要性は私も良く理解できますが、それを有意義に実施できるだけの準備や環境が整っていないことを考えるとき、全国での一斉実施については、やはり不安を禁じ得ないということになります。

おわりに

最後に、まとめという意味をこめまして、もう一言だけ申し上げたいと思います。

まず、何事につけても改革を実現するためには、デッドラインを決めないといつまでも事が進まないという面は確かにあるだろうと思います。ですので、学習指導要領の改訂についても、改革が大きいほど時期尚早と呼ばれるのはやむを得ないところではあります。

とはいえ、歴史総合と公共につきましては、やはり課題を残し過ぎであって、その原因は、究極的には、今回の改革が政治的な要請によるものであり、これまでの教育課程に対する学問的ないし実践的な評価に基づいたものではないというところにあります。歴史のA科目も現代社会も、受験との関係で上手く位置づいていない面はありましたが、それは大学側の問題であって、むしろ限られた授業時間数で比較的充実した内容を提供できていただけに、その科目がなくなるのは残念です。

また関連して申し上げますと、そもそも一〇年間隔で全ての教科の教育課程を一斉に改訂する必要があるのか、各教科、各科目で必要に応じて適宜改訂していくほうが現実的ではないのかという疑問も湧いてきます。

ドイツを研究している視点から申し上げますと、日本では、各教科の内容はもちろん、教科の枠組みまで頻繁に変更し過ぎのように感じられます。教育課程というのは、時間をかけて様子を見ながら少しずつ修正を加えていくべきもの、つまり成熟が必要なものであるというように、わたしたちの教育観や学校観を改めていくことが重要なのではないかということを申し上げまして、私の話を終わらせていただきます。

注

（1）『自民党政策集・Ｊ－ファイル二〇一〇（マニフェスト）』二〇一〇年、三四頁の二一二項「世界トップレベルの学力と規範意識を兼ね備えた教育」には、「国旗・国歌を尊重し、わが国の将来を担う主権者を育成する教育を推進します。過激な性教育やジェンダー・フリー教育、自虐史観偏向教育等は行わせません。道徳教育や市民教育、消費者教育等の推進を図るため、新科目『公共』を設置します」とある。[http://www.maniken.jp/pdf/2010jimin.pdf　以下最終閲覧日はすべて二〇二〇年一二月二六日]

（2）Droste, Peter Johannes u. Ulrich Bongertmann, Ein aktueller Überblick über den Geschichtsunterricht im föderalen System der Bundesrepublik Deutschland [https://blog.

historikerverband.de/2017/07/15/ein-aktueller-ueberblick-ueber-den-geschichtsunterricht-im-foederalen-system-der-bundesrepublik-deutschland/]

（3）「高等学校学習指導要領比較対照表【公民】」[https://www.mext.go.jp/component/a_menu/education/micro_detail/_icsFiles/afieldfile/2018/07/13/1407085_4.pdf]

【算数・数学（プログラミング学習）】
算数・数学におけるプログラミング教育

横浜国立大学教育学部　教授　山本　光

よろしくお願いします。算数・数学におけるプログラミング教育というタイトルですが、どちらかというと、プログラミング教育が導入された経緯や実践ではどのように扱われているかということを、具体的な例を含めてお話しいたします。

簡単に自己紹介をしますと、私はいわゆる教科内容の先生です。大学生には微分積分や確率統計を教えています。なぜそういう先生がプログラミング教育かということですが、実は前職が情報技術系の企業で、大学生向けのプログラミングの授業も持っております。また、プログラミングに関する本もたくさん書いております。アマゾンなどで私の名前で検索していただければ、どんな著書を出版しているかわかると思います。そういった経緯がありまして、本年度は全学の遠隔授業対応のリーダーの仕事もさせていただいております。また、横浜市のギガスクール構想の有識者の一人として仕事もさせていただいております。それらの授業や講演風景も動画にしており公開しています。ユーチューブで「やまもとこう」とひらがなで検索していただきますと、それらの動画を見ることができます。たとえば、実際に私が小学校に出向いたプログラミングの授業の様子などを公開しております。

　著書についてもう少しお話しさせていただくと、東京情報大学の松下孝太郎先生とご一緒させていただき、子ども向けのプログラミングの本や、大学生向けのワープロや表計算の入門書も書いています。さらに、情報モラルや著作権についても学ぶ機会をいただき、それらの著書も書いております。自己紹介としては以上です。

　さて、今回この講座をお聞きになっているのは学校の先生が多いと思うのですが、前提として共有したい事実があります。今われわれは、内閣府がいうソサエティ4・0から5・0へ向かっている最中なのです。ソサエティ1・0は何かというと、狩猟時代です。そしてソサエティ2・0は農耕時代で、ソサエティ3・0は工業化の時代です。さらに進みソサエティ4・0は情報化の時代です。最後にソサエティ5・0では、情報技術、人工知能技術、ロボット技術を融合した新しい社会構造の時代になっています。内閣府のウェブサイトをご覧になりますとお示ししている説明の図を見ることができます。歴史の先生からすると、大ざっぱに分け過ぎだというご批判もあるかもしれませんが、これらの時代の流れについて日本政府が示している姿なのです。

　では、ソサエティ5・0は具体的に何をするのかというと、たとえば今まで過疎化で困っていたところにドローンを使って宅配をしたり、一人で持つのが大変な量の荷物をロボットが助けてくれたり、人工知能なども使いながら複雑な問題解決をしたりと社会が便利になっていくという未来像が示されております。

　なぜそのような社会が来るのかといいますと、日本の労働人口の急激な減少が将来に待っているからです。お示ししているグラフは内閣府が公開しているもので、横軸が年代で縦軸が人口のパーセンテージです。二〇二〇年現在の働き盛りの一五歳から五九歳の人口の割合は、四〇年後には半分になってしまいます。全体の人口も一億二千万人から一億人を切ることが予想されています。つまり、社会を支える人材が減ってしまいますので、日本はこれから少ない人口で生産性を向上させ、情報通信技術をうまく活用して社会を支えていこうというのが大きな流れになっています。さらに、学校における情報通信技術の活用は二〇一七年くらいから具体的な検討がなされギガスクール構想として計画されていました。しかし、まさかコロナで一気に加速するとは思いませんでした。ギガスクール構想では、小学生、中学生一人一台のパソコンを配布中ですが、一年前倒しでやっていたら、コロナ禍でも遠隔授業を小中学生でもできたかなというのが実感です。前提のお話は以上となります。

さて、二〇二〇年からの新学習指導要領ではプログラミング教育が小学校で導入されています。多くのマスメディアが間違えて伝えているようですが、今のところ教科ではありません。つまり、国語算数理科社会にならんでプログラミングという時間が設けられたわけではありません。したがいまして、小学校のプログラミング教育では、いろいろな教科の中やその他の時間に入れて、プログラミングを使っていこうという趣旨になっています。私も仕事柄多くの学校に行っておりますのでプログラミング教育に対する先生方の声をよく聞きます。たとえば、自身はプログラミングの経験がないので教えられないという先生方も多いことは事実です。そもそも環境がないというご意見もありましたが、これはギガスクール構想でだんだんそろってくるのではないかと思っています。一方、新学習指導要領では英語も教科化されて入ってきて、もう手がいっぱいですという先生も多くいらっしゃいました。また、それから高齢といっては失礼ですが、一部の先生は、若い人はそういうのが得意でしょうと、私はやりませんという先生もいらっしゃるくらいでした。

小学校でプログラミング教育を行うことの価値は、文部科学省から出ている文章をまとめてみると二つあります。一つめは、子どもにとっての外的理由です。先ほどの前提のところでもお話しさせていただいたように、これからは高度なＩＴ社会が来るのでそれに対応した大人になるために学校で学ぶ点です。さらに諸外国はとっくに初等教育にプログラミングを導入しています。たとえば、イギリスでは二〇一四年から小学校にプログラミング教育が導入されています。

二つめは、内的理由です。子どもたちの内側の理由としては、ＡＩロボット、お掃除ロボットなどに興味を持ってもらいよりよく使ってもらいたいからです。それらの高度な技術を怖がる子どもがこれから増えては困るからです。子どもたちには「あれは誰かが作ったプログラミングで動いているので生物ではない」ということを知り、それらの仕組みに興味を持ってもらいたいのです。また、実際に小学校プログラミング教育の授業を参観させていただいて感じたことは、プログラミングは子どもにとって、新たな第三の活躍の場になりうるということです。具体的には、小学生の人気者にはスポーツができる子と、勉強のできる子と二つの活躍の場があります。しかし、プログラミングの授業を見ていると、勉強もそれほどでもない、運動もそれほどでもない子がキラキラと輝く瞬間があるのです。つまり、いつもはお父さん、お母さんからゲームばかりしないで勉強しなさいと怒られている子どもたちにとって、プログラミングは親和性がだいぶ高いわけです。したがって、プログラミングの授業では、その子の秘めている可能性を発掘するチャンスでもあると思います。

それでは、小学校プログラミング教育の必修化までの流れを簡単にさらっていきますと、総務省の資料には二〇一三年くらいから小学校でのプログラミングという言葉が出てきています。文部科学省では二〇一六年にいわゆる有識者会議が開かれ、コンピュータ企業の社長さんや学識経験者の方が呼ばれ、小学校段階でプログラミングを導入するにはどうしたらいいかというお話をされていました。

そして、その年にとりまとめの文章が発表されます。これらの流れ以外も総務省がプログラミングに関する人材開発などの取り組みなども交えながら、文部科学省は二〇一七年の小学校学習指導要領にプログラミング教育が取り込まれたという歴史になっています。その後は解説にもプログラミング教育についての記述がありますし、さらに「小学校プログラミング教育の手引き」を作り、第一版、二〇一九年には第二版、そして二〇二〇年になって第三版が公表されています。それには具体的にどの教科でどうやってやるのがお勧めですというのが書かれています。

先ほどの有識者会議で確認されたことがあります。「プログラミング的思考」という新しい言葉を作り、小学校でやるプログラミングは、いわゆるコーディングを覚えることが目的ではなく、それよりも問題解決におけるプログラミング的思考を育むことが目的だと明示されます。最近は、プログラミング教育ということで、駅前の塾にはプログラミングコースが増えてきましたが、残念なことに小学生にコーディングをさせるところが多いのも事実です。再度強調いたしますが、小学校という公教育で行うプログラミング教育は、「プログラミング的思考を育む」ことです。さてこのプログラミング的思考とは何かですが、後ほどご説明いたします。

実際に学習指導要領ではどう記述されているかというと、総則から情報活用能力の一部としてプログラミングが書かれています。

【総則】

情報活用能力（情報モラルを含む）等の学習の基盤となる資質・能力を育成していくことができるよう、各教科等の特性を生かし、教科等横断的な視点から教育課程の編成を図る。情報活用能力の育成を図るため、児童がプログラミングを体験しながら、コンピュータに意図した処理を行わせるために必要な論理的思考力を身に付けるための学習活動を計画的に実施する。

（学習指導要領より引用）

傍線部は私がつけたものです。学習指導要領の文章は、だいたい一文が長くて、結局何を言っているか分からないことが多いのですが、コンピュータに意図した処理を行わせるために論理的思考力を身に付けるということが言いたいことだと思います。この部分が総則でうたわれている内容です。では、実際にどの教科でやるかというと、私の専門分野の一つでもある算数・数学です。これは具体的な教材が例示されています。何をするかというと、小学校五年生の作図のところで、正多角形の作図を行う学習に関して正確な繰り返し作業を行う必要があり、さらに正三角形、正四角形、五角形、六角形と一部を変えることで、同じアルゴリズム、考え方で正多角形が書けることを学ばせるのが具体的な内容です。

【算数】

プログラミングを体験しながら論理的思考力を身に付けるための学習活動を行う場合には、児童の負担に配慮しつつ、例えば第二の各学年の内容の〔第五学年〕の「B図形」の(1)における正多角形の作図を行う学習に関連して、正確な繰り返し作業を行う必要があり、更に一部を変えることでいろいろな正多角形を同様に考えることができる場面などを取り扱うこと。（学習指導要領より引用）

他にも例示がされており、理科の第六学年のエネルギーのところでは、与えた条件に応じて動作することを考えましょうとあります。また、総合的な学習の時間では、探究的な学習の活動に使いましょうとあります。具体的には、プログラミング体験もしながら探究に必要な過程でうまく位置付くようにしようということが学習指導要領に書かれています。先ほど申しましたように、プログラミングという教科ではないので、時間割をうまく工夫しながらプログラミングを体験し、プログラミング的思考を育もうというのが大きな趣旨です。

もちろん新学習指導要領での資質、能力の三つの柱についても言及されています。これは評価にも使われるものです。具体的には、一つ目の知識及び技能の部分では、身近な生活でコンピュータが活用されていることや、問題の解決には必要な手順があることに気付くこととあります。二つ目の思考力、判断力、表現力等では、発達の段階に即してプログラミング的思考を育むということです。三つ目の学びに向かう力、人間性等のところでは、発達の段階に即して、コンピュータの働きをより良い人生や社会づくりに生かそうとする態度を涵養《かんよう》することということです。実は大学生向けのプログラミング教育の授業でも、育成と涵養の違いを学生に聞くのですが知っている学生はほとんどいません。育成というのは、だいぶ能動的なのです。先生が介入していく、関わっていくことで育むのですが、涵養は、土の上に種をまいて水をまき芽が出るのを待つのです。つまり教員は環境を調えることで、子どもたちを待つということなのです。だいぶ温度差があるという感じです。このような三つを通底する内容にコンピュータを活用することの楽しさ、面白さ、物事を成し遂げた達成感も同時にあるようにと書かれています。

お待たせしました。プログラミング的思考とは何かというと、先ほどの小学校プログラミング教育の手引きを参考に考えますと、狭い意味でのプログラミング的思考は、「必要な動きを分けて考える」、「動きに対応した命令（記号）にする」、「組み合わせる」のステップを「試行錯誤しながら継続的に改善する」過程が相当します。

一方で全体像としては前段で、問題を見いだして意図した一連の活動の実現を学習課題とします。そして上記の、必要な動きを分けて考え、動きに対応した命令、記号にしてそれを組み合わせ、その過程を試行錯誤しながら継続的に改良します。最後に問題解決の吟味をするのです。もちろん学習の過程ですので、既習の知識や技能を活用します。つまり、プログラミングという方法だけに固執せず、算数でいえば、偶数、奇数、角度などの既習の知識もうまく使いながらやっていこうというのがプログラミング的思考と定義されています。

この定義は、二〇一六年の有識者会議の中でもされていて、この概念はどこから来たかといいますと、二〇一四年からイギリスのコンピューテイショナルシンキング（Computational Thinking）というナショナルカリキュラムに書かれています。このコンピューテイショナルシンキングとは、アメリカ人のウィングさんが二〇〇六年に発表した問題解決や対象物、物事、手続き、システムをより良くするため論理的推論を含む認知や思考のプロセスと定義され、アルゴリズム的思考ともいわれています。問題を分解し、パターンやルールを見つけ、繰り返し何かを認識しながらそれを発見する。抽象化や一般化、単純な方法を表現し、それらの手順化、順番や繰り返しを組み合わせて一連の作業を試行錯誤しながら直していくというプロセスとして定義されています。

一方で、日本の小学校プログラミング教育では、先ほどの算数の中、理科の中、総合的な学習の時間の中だけでやればいいというわけではありません。もっと全体像が示されていて、六つの段階があり、先ほどの小学校プログラミング教育の手引きに書かれています。表の上から説明しますと、学習指導要領の例示されている五年生の算数の作図と六年生のエネルギーと総合的な学習の時間でやるAタイプと、Bタイプは、今まで算数、理科、総合では示されていませんが、図工や音楽なども親和性が高いので、そういった教科でやっていいということです。Cタイプとしては、教育課程内で他の各教科と別に実施をしてもいい、プログラミングの時間をつくってもいいですよということです。次のDタイプがクラブ活動です。これは一部の児童になりますが、コンピュータクラブやプログラミングクラブなどをつくり、学校の課程内で行ってもいいというのが教育課程内でのステップです。さらに、学校教育にもかかわらず、学校教育以外も入れているのが革新的で、Eのタイプは会場として学校を利用しますが教育課程以外のものです。たとえば、私は株式会社ディー・エヌ・エーと共同研究をしていて、子ども向けのプログラミング環境の「プログラミングゼミ」というアプリを利用して出前授業をします。実際にプログラミングゼミ作者の人が来て、プログラミングの授業をしています。最後に、Fタイプの学校外でのプログラミング学習機会というのは、いわゆる塾です。塾は、今活況を呈していて、プログラミングの塾を開くと殺到するようで大手の企業もやり始めています。

もちろん文部科学省は、単に学習指導要領にプログラミング教育を示しただけではなく、プログラミング教育のポータルサイトを二〇一七年くらいから作っています。文部科学省、総務省、経済産業省がタッグを組み、グッドプラクティスというういわゆる良い実践事例の指導案と、中には動画もありますが、先ほどのA、B、C、D、E、Fの分類に合わせてこのような例がありますす。このような学習指導案、または指導のタイプがあるということを見せて先生方に学んでいただき、うまく教育の中に入れてくださいというメッセージが込められています。

今までのお話は小学校が対象でしたが、少しだけ上の学年に目を向けますと、中学校の新学習指導要領は二〇二一年から実施されます。中学校では情報という授業がありませんが、技術家庭の技術のところでプログラミングという言葉が入ります。現在の学習指導要領にもあるように学校では実際にプログラムによる計測と制御のところで実施されています。現在の学習指導要領の約三倍の記述が新学習指導要領にはあります。さらに、今後は教科の中にもプログラミング教育が入っていくと思います。

実は私は中学校の教科書の執筆をしております。現在は教科書の検定中なので、あまり詳細はお話しできませんが、巻末の発展のところを担当して、実際にプログラミングの例を載せました。中学校でプログラミングをやるなら、数学ではこのようにやってくださいという例を載せていますので、根津先生は二〇二Xと書いてありましたが、その時には各教科にちらちらプログラミングが入るのではないかと思っています。もちろん高校はもう教科の情報がありますので、情報の中でプログラミングが課されます。これは小学校とは違って、コーディングをします。コードを書くプログラムを高校ではやります。さらに最近のニュースで出ていますが、大学共通テストの二〇二五年から情報が入ります。今回のお話に合わせて具体的な問題が出ていたのですが、コピペをせず、内容だけをお話しすると、実際のプログラミングの問題が共通テストで課されます。

一方で、日本だけが頑張っているのかというと、ＰＩＳＡでは二〇二一年から数学の中にコンピューテイショナルシンキングが検査項目に入ります。これは具体的に例示されている問題もあります。**図1**をご覧ください。ここにＡというタイルとＢというタイルがあります。Ａは棒が二本あり、Ｂは十字の模様です。この二個のタイルをうまく並べて、例示されているように、床にこういう模様を作ります。どのようにコンピュータに命令したらいいですかというのが問題です。

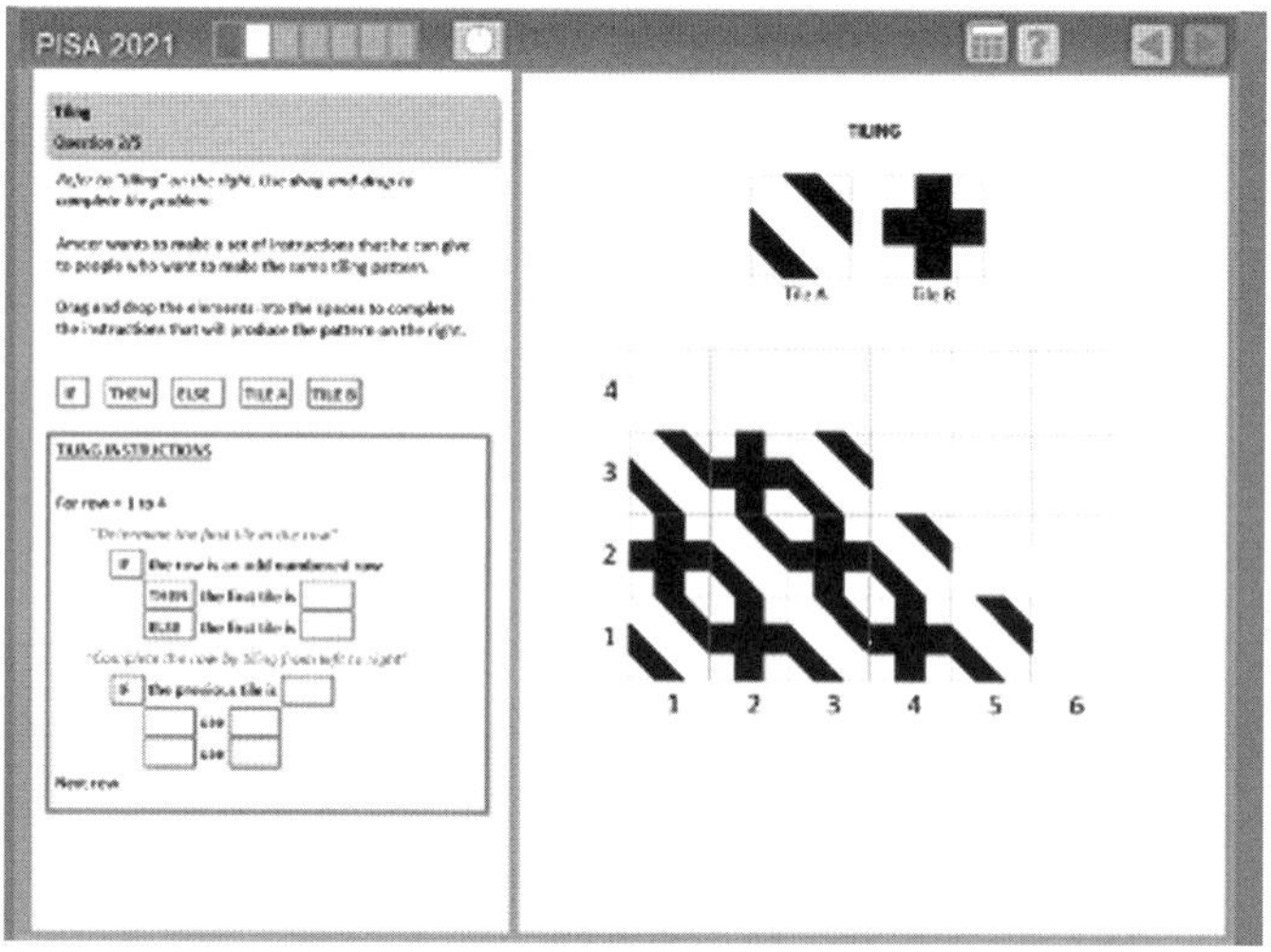

図１　PISA コンピューテイショナルシンキングの例題

出所）OECD Education and Skills Today Computer Science and PISA2021

こちらに実際のプログラムに似た命令が書かれていて、もし行が奇数ならＡＢＡＢと並べ、行が偶数ならＢＡＢＡと逆に並べなさいと書かせる問題がコンピュータベースで行われます。佐藤先生のお話にあったＴＩＭＳＳは日本が上位にいるといっても、上位の国はほとんどがコンピュータベースのテストを採択していたにもかかわらず、残念ながら日本は紙ベースの試験を選択し、実際に小学校、中学校でやったわけです。なので、コンピュータベースに全部移行したとき、日本はどれくらい耐えられるのか危険な気がします。

残り少なくなりましたが、なぜこのようなことをやっているのかというと、もちろん従来型の教育もありますが、学びの変化が行われているということです。今までの算数、数学では正解があり、それをどうつないでいくかというパズル型の学びでした。答えは一つ

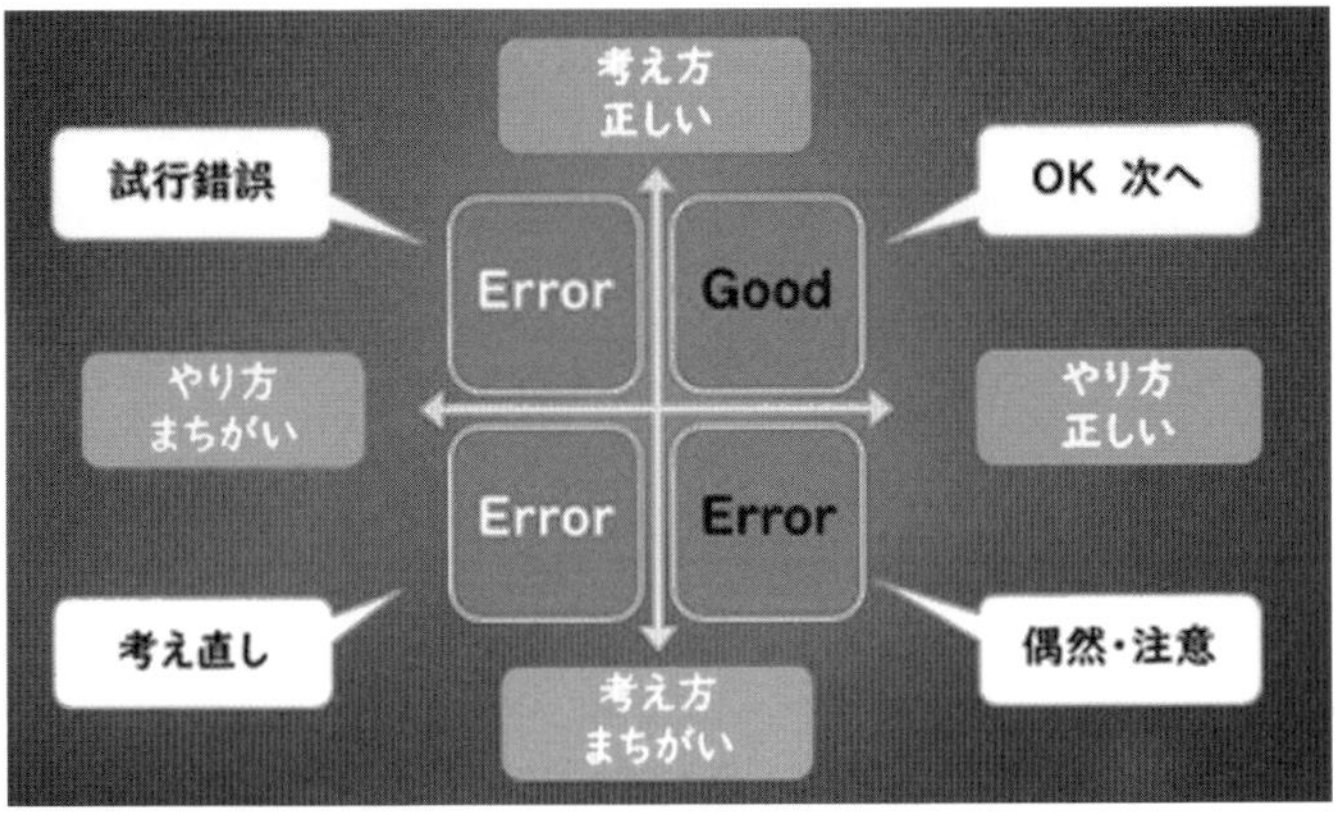

図２　プログラミング教育の指導のポイント

ですが、道筋がたくさんある世界でした。ところが、今回の新型コロナ禍もそうですが、多くの世の中の問題には正解はありません。正解はわからないけれども、多くの人が納得するような解の道筋をどうつくればいいかを考える学びに変化してきています。つまり、問題も答えも作るブロック型の学びになっているのです。実際にプログラミングというのは、ブロック型の問題解決手法を採っているわけです。

ここで具体的な注意点として、実際にプログラミング教育をここ四年間ほど行っていますが、子どもたちの様子をよく見ていると、どう考えたかという視点とどう実際にプログラムを作ったかを分けて考えないといけないと感じています。**図2**をご覧ください。これは縦軸が考え方、横軸がやり方です。プログラミングの実践では、実際にブロックを積むのですが、ブロックを積むやり方も考え方も正しければ問題ありません。右上の状態で、問題解決に向かうでしょう。ここで注意があります。右下の考え方が間違っていても、やり方が正しければ偶然動いてしまいます。先生はそれに気を付けなければいけません。一方で、左下のやり方も考え方も間違っているなら、まずは考え方を正しくして、左上の状態に行き、次にやり方を正しくするというステップで、右上に向かいます。つまり、先生からの「どう考えたの?」と「どうやったの?」と二つの問いかけが重要となります。

実践のお話をすると、実際に小学校二年生も一人一台使っている学校もありますし、六年生でも一人一台で複雑な問題も解いています。ある学校の例をお話しすると、この六年生のクラスは、学校の担任の先生はプログラミングができません。したがって子どもたちどうしで自分が作ったプログラムを、技のデパートという壁に自分のプログラムの絵を並べ、これをするにはこういうブロックをつなげればいいというのを教え合っているのです。プログラミング教育では、教科でないことをうまく利用して、子どもどうしで教え合う非常にいいチャンスになっています。

時間が超過してすみません。プログラミングは新学習指導要領の実施期間のこの一〇年間は教科の中で使う程度ですので、どちらかというと、先ほどの楽しさをうまく強調していただければと思います。活動中の子どもたちの発言をよく聞くと、「このようなことをしたらどうなるかな」とつぶやいている子は好奇心がありますし、「こうなったらどうなるの」と説明をさせてみたら、論理的な思考力を持っているのだということも分かります。細かいところに注意していると「同じところと、違うところは?」と発想します。想像力を持っている子は、「やっぱりそうなった」という言葉が自然と口から出てきますので、そういうのをみとってあげると、プログラミング的思考ができていることが分かると思います。もちろんで他の教科などに比べて、できる子とできない子の差が大きいので、できた子には、他の子と一緒に考えてあげてねと、学びあいのきっかけを作ることができます。プログラミングの実践としては、技能を教え込むことよりも学びあう場を用意することのほうが、この一〇年はいいのではないかと思います。以上です。ありがとうございました。

【外国語】

外国語活動と外国語科の考え方

早稲田大学教育・総合科学学術院　教授　原田　哲男

外国語の立場から学習指導要領改訂の主旨を考えてみたいと思います。今回の改訂では主体的・対話的で深い学び、資質・能力、カリキュラム・マネジメント、さらに社会に開かれた教育課程などが挙げられています。これらの概念を外国語活動や外国語科からどう捉えたらよいのかを考えてみたいと思います。

主体的・対話的で深い学び（アクティブ・ラーニング）

文部科学省（二〇一七d）の資料を見ると、主体的・対話的な深い学びを通して最終的には、知識・技能、思考力・判断力・表現力に繋げることを重視し、このような学びをアクティブラーニングとしています。主体的・対話的な深い学びにするために、英語教育で最も大切なことは、教室は英語を学ぶ場だけでなく、むしろ英語を使う場だという考え方です。ポール・ネーション（Nation, 2007）は、教室内における言語に焦点を当てた学習（language-focused learning）は、全体の二五％程度に抑えるべきとし、残りの時間は内容や意味を考えながらインプット、アウトプットを中心とし、流暢に表現できるように英語を使う場（七五％）を提供するのが教室だと言っています。この提言は、アクティブ・ラーニングそのもので、まさに主体的・対話的な深い学びのはずです。すなわち、英語の知識を与えることではなく、生徒が英語を使いながら学べるように工夫するのが私たち教員の役割なのですが、これは意外に難しいです。外国語学習に対する考え方は二つあると思います。一つは「使いながら学び、学びながら使う」、もう一つは「将来使うことがあるので今学んでおく」という対照的な考え方です（Coyle, Hood & Marsh, 2010）。日本が行ってきた英語教育は、後者の考え方で、将来のために学ぶという態度が中心だったのではないでしょうか。しかし、本当にそれでいいのかということです。むしろ、ディジタル・ネーティブの子供たちは「使いながら学ぶ」という感性を持っているはずです。例えば、新しいスマホを購入したときに昔と全然違うのは、電源の入れ方しか書いてないクイックスタート・ガイドだけで、取り扱い説明書が全くないということです。ところが、私たちはスマホを普通に使えているのです。これは、外国語学習にも求められている感性で、トライ・アンド・エラーで間違えながらでも使っていくということです。

ところが、後者の「将来使うことがあるので今学んでおく」という姿勢では、どうしても英語について教えることが先行してしまい、言語を分解可能なものと考え、言語を細かく音声、語彙、文法などに分け、それぞれの部分を学び、実際使用する際に自分で組み立てて全体をつくり、コミュニケーションが可能になるという考え方が長く外国語学習を支配してきたのではないでしょうか（Atkinson, 2011）。このような方法では必ずしもより良い外国語習得に結び付かないと考えています。どちらかというと、細かいことを覚える前に、言葉のまとまりや具体例などを駆使しながら言語を使いながら学んでいくことをもっと重視したほうがよいのではないでしょうか。

外国語使用を支える知識は、暗示的知識と明示的知識に大きく分けられますが、外国語習得にはどちらの知識も不可欠であるとされています（DeKeyser, 2017）。暗示的知識とは意識や注意をせずに使える知識で、逆に明示的知識とは、必ず意識や注意を払うことによって使える知識と考えることができます。具体例を示しますと、「誰が行きますか」、「誰は行きますか」という文を聞いたら、おそらく日本語を普段使っている人ならば、前者が自然で後者が不自然だと判断できます。しかし、なぜかと聞かれたときに明確に答えられる知識は、多くの日本語話者は多分持っていないと思います。理由は口で説明できないが、「誰が行きますか」のほうが自然で、「誰は行きますか」はおかしいという判断を可能にしてくれるのが暗示的知識なのです。一方、「疑問詞の後では『は』ではなく、『が』を使う」という明示的知識がないとなぜかを説明できないのです。

今までの日本の英語教育では、明示的知識の獲得に非常に時間をかけてきました。感覚的に何となく分かるようになるため、多量の英語に触れて話したり聞いたりするということはあまり行われてこなかったのではないでしょうか。しかし、学習指導要領の改訂に伴い、言語について学ぶことよりも、むしろ言語を使うことを通して、主体的・対話的で深い学び、すなわちアクティブ・ラーニングを行うことは、外国語教育では当然のことです。最近は、この暗示的知識を重視するということで、横浜や関東近県のいくつかの学校では、５ラウンドシステム（金谷　二〇一七）を導入し、詳細な説明は先送りにし、多くの英語を聞かせることを重視し、一冊の教科書を最初から最後まで五回繰り返し、その度にいろいろな手法を使って英語に親しませることを実践しているようです。このように暗示的知識の構築を意識して学習させる（教室での言語使用を増やす）には、英語の授業の中で学習者同士のやり取りを重視することが大切になってきます。このことは、今回の学習指導要領でも反映されていて、小中高を通して学習指導要領にある「言語活動」の「話すこと」では、「やり取り」と「発表」という部分に分けられています。

第二言語習得研究では、「やり取り」なしには言語学習が進まないとされ、「やり取り」が外国語学習の中枢だと長い間言われています（Long, 1996）。この概念が学習指導要領（文部科学省二〇一七e）に次のように反映されています。例えば、高等学校の英語コミュニケーションⅠの「話すこと（やり取り）」では「情報や考え，気持ちなどを即興で話して伝え合う活動（傍線部は筆者）」としています。もう一つは、「話すこと（発表）」ですが、「準備のための多くの時間が確保されたりする状況で，情報や考え，気持ちなどを理由や根拠とともに話して伝える活動（傍線部は筆者）」と学習指導要領には書かれています。このように今回の改訂では、「話す」という活動が、「発表」から切り離され、「やり取り」に焦点が当てられたのは大きな特徴です。

資質・能力（言語能力、情報活用能力、問題発見・解決能力等）の育成

この二つ目の主旨も、外国語教育にぴったり当てはまります。文部科学省（二〇一七c）では、「何を理解しているか（知識）、何ができるか（技能）」が大切だとしています。その上で、「理解

していること・できることをどう使うのか（思考力、判断力、表現力等）」を考えながら、最終的に「どのように社会、世界と関わり、よりよい人生を送るのか（学びに向かう力、人間性）」とあります。まず、最初の「何を理解しているか、何ができるか」の部分ですが、外国語教育ではこの「何を」の部分が非常に曖昧です。外国語学習や英語学習では、おそらく語彙、発音、文法を想像するのではないでしょうか。学習指導要領では、語彙、発音、文法は「言語材料」とされ、言語活動の手段にすぎないはずです。このように、外国語科における「何」というのは、非常に曖昧なのです。他教科のように、何を教えなくてはならないと規定されていないのです。後でも少し述べますが、「何を」考えるのはカリキュラム・マネジメントにも関わってきます。

それでは、外国語教育でこの「何を」を追求するにはどうしたらよいのでしょうか。例えばレッスン、ユニット、学期ごとに一貫した内容を教える必要があるとよくいわれています。必要とされているのは、外国語や英語の教材はきちんとした一貫性のある内容のある素材で外国語の能力を養成していかなくてはならないということです。最近の外国語教育では、その考え方がＣＬＩＬ（内容言語統合型学習）、ＣＢＩ（内容重視の指導）、ＣＣＢＩ（批判的内容重視の指導）（Kubota, 2016）などとして反映されています。

さらに、どう使うのか（思考力、判断力、表現力等）ですが、とくに外国語での思考力はとても重要だと思います。一般に日本語で十分に思考ができるようになれば、外国語を学ぶことにより外国語でも思考ができるようになると思われがちですが、実はそれほど簡単なことではありません。早いうちから外国語を使って思考することを学びながら、その言語を使って判断力や表現力のトレーニングをしておかないと、外国語を使って思考できるようになることは不可能です。先ほど紹介したＣＬＩＬでは四つのＣが大事だとしていますが、その一つがCognition（認知）のＣで、思考や認知的な部分です。具体的にいうと、教育学で長い歴史があるブルームの思考の分類（Bloom's Taxonomy）（Anderson, Krathwohl, Airasian, Cruikshank, Mayer, Pintrich, Raths & Wittrock, 2000; Bloom, et al., 1956）が、外国語教育でも「覚える、理解する」というような下位思考技術のみだけでなく、外国語で学んだ内容を「応用、分析、評価など」を行うための上位思考技術も外国語で養成しなくてはならないと最近は言われています（Coyle, Hood & Marsh, 2010）。すなわち、外国語を使って情報を活用し、問題を発見し解決する能力を外国語で身に付けるということです。このような外国語との関わりを通して、最終的に自分がどのように社会と関わり合っていくかを考えることにより、学習指導要領にある「どのように社会、世界と関わり、よりよい人生を送るのか（学びに向かう力、人間性）」に繋がるはずです。

具体的に問題解決を含む様々なレベルの思考技術が、今回の高等学校の学習指導要領（文部科学省 二〇一七ｆ）に反映されている例として「論理・表現」という科目があげられます。論理・表現Ⅰ「話すこと（やり取り）」には、「優れている点や改善すべき点を伝え合ったり，意見や主張などを適切な理由や根拠とともに話して伝え合ったりするディベートやディスカッションをする活動（傍線部は筆者）」とされています。同じように、書くことにも論理が重視され、論理・表現Ⅲ「書くこと」には「ニュースや新聞記事などの複数の資料を活用して，発想から推敲まで段階的な手順を踏みながら，読み手を説得することができるよう、意見や主張などを効果的な理由や根拠とともに複数の段落を用いて詳しく書いて伝える活動（傍線部は筆者）」とあります。このように論理が重視されているのは、ある意味では教える側も学習者側も大変ですが、本来学校で身に付けなくてはならない技能だと思われます。

カリキュラム・マネジメント

カリキュラム・マネジメントには、「教育の目的や目標の実現に必要な教育の内容等を教科等横断的な視点で組み立てていくこと」（文部科学省　二〇一七b）とありますが、教科の横断的な視点は、米国で「書く」指導は英語に関連する学科以外でも行うwriting across the curriculumという一九八〇年代の考え方を発端としています（Straight, 1998）。言語学習は教科横断的なもの（language across the curriculum）が有効であり、母語や外国語の言語教科だけでなく、算数、理科、社会、体育などの他教科を通して可能になるという考え方です。例えば、小学校の英語指導において、外国語活動としての英語だけでなく、いろいろな教科と結び付けていくことも可能です。小泉（二〇一九）は、『わたしたちの家庭科』「7　食べて元気に」の内容を英語活動と家庭科を統合して授業を行いました。バランスを考えた食事とは何なのか、五大栄養素を学び、最終的にご飯と味噌汁の調理実習をし、ＡＬＴ（assistant language teacher）と一緒に食事をすることを目標としたカリキュラム・マネジメントの一つの例として考えられます。

社会に開かれた教育課程

社会に開かれた教育課程（文部科学省　二〇一七a）という改訂の主旨に、「社会や世界の状況を幅広く視野に入れ、…目標を社会と共有していくこと」とありますが、最近の言語教育の観点から見ると、世界の方向性が、母語と英語のみのバイリンガルの世界から、多言語多文化の社会に移行していることが分かります。日本国内でも多言語・多文化を真剣に考えた外国語教育が必要とされるでしょう。外国語教育には、「深さ（ある外国語をどのぐらい深く学ぶか）」と「広さ（どのぐらい広く外国語を学ぶか）」の面があります（Shin, 2018）。例えば、アメリカの外国語教育を見ると、中学・高校・大学ではスペイン語、フランス語、ドイツ語、イタリア語、中国語、韓国語、日本語、アラビア語など、さらにアメリカ手話も外国語科目として履修できます。さらにそれ以外に興味があれば、一般に教えられていない言語（Less Commonly Taught Languages）も履修することができます。これらの言語を合計すると、二四八もの外国語がどこかで教えられているという非常に広い外国語学習が行われていますが、長い間学習し深く学ぶことが少ないのは残念なことです。このようにアメリカの外国語教育は浅く広くですが、日本は英語一辺倒なので深く学べる点では優れていると思いますが、広さは欠如しています。

小学校では英語以外の外国語活動を

日本の外国語教育は「広さ」が欠如している問題を是正するために、例えば小学校における外国語活動を英語以外の言語で進めるのは、地域に根差した共生の外国語教育になると考えています。例えば、関東近県の群馬県伊勢崎市ではポルトガル語話者、東京都新宿区では韓国語話者、埼玉県川口市では中国語話者が非常に多いと言われています。小学校の学習指導要領にあるのは「英語活動」ではなく、正式には「外国語活動」なのです。中学や高校でも一般的には英語ではなく、「外国語科」なのです。とくに、管理職の方には柔軟に考えていただき、日本語話者以外の地元の小学校の子どもたちや保護者と共生できるように、三〜四年生の外国語活動は、ポルトガル語、中国語、韓国語などを取り入れていくのはどうでしょうか。外国から日本に来る子どもたちの日本語学習は、実は母語教育を手厚くすることによって、日本語がより効果的に学べるということが言われています（Shin, 2018）。

さらに、カリキュラム・マネジメントと社会に開かれた教育課程という点でも、多数派言語話者（日本語話者）と少数派言語話者（日本語以外の言語話者）の共生を目標にすべきだと思います。英語のみに集中することは、マイナスになることもあります。過度な英語学習は他の言語学習の動機付けを奪い、「英語のみを学べばよく、他の言語は必要ない」という錯覚に陥る可能性があります（McEown, Sawaki & Harada, 2017）。

今回の学習指導要領改訂の考え方、すなわち ①主体的・対話的で深い学び（アクティブ・ラーニング）、②資質・能力（言語能力、情報活用能力、問題発見・解決能力等）の育成、③カリキュラム・マネジメント、④教育課程の理念：社会に開かれた教育課程という視点から、今後の外国語教育がいかにあるべきか、私見を述べさせていただきました。

参考文献

Anderson, L.W., Krathwohl, D.R., Airasian, P.W., Cruikshank, K.A., Mayer, R.E., Pintrich, P.R., Raths, J. & Wittrock, M.C.（2000）. *A taxonomy for learning, teaching, and assessing*（A revision of Bloom's taxonomy of educational objectives, Abr. ed.）.

Atkinson, D.（Ed.）.（2011）. *Alternative approaches to second language acquisition*. New York: Routledge.

Bloom, B. S.（1956）. *Taxonomy of educational objectives: The classification of educational goals*. New York, NY: Longmans, Green.

Coyle, D., Hood, P. & Marsh, D.（2010）. *Content and language integrated learning*. Cambridge: Cambridge University Press.

DeKeyser, R.（2017）. Knowledge and skill in ISLA. In S. Loewen & M. Sato, M., *The Routledge handbook of instructed second language acquisition*（pp. 15-32）. New York: Routledge.

金谷憲（二〇一七）『英語運用力が伸びる5ラウンドシステムの英語授業』大修館書店

小泉沙紀子（二〇一九）「他教科を英語で学習する活動は児童にどのような影響を与えるか―内容言語統合型学習（CLIL）の実践を通して」「千葉県長期研修生　研究報告」

Kubota, R.（2016）. Critical content-based instruction in the foreign language classroom: Critical issues for implementation. In L. Cammarata,（Ed.）, *Content-based foreign language teaching: Curriculum and pedagogy for developing advanced thinking and literacy skills*（pp. 206-226）. New York: Routledge.

Long, M. H.（1996）. The role of the linguistic environment in second language acquisition. In W. Richie & T. Bahtia（Eds.）, *Handbook of second language acquisition*（pp. 413-468）. San Diego, CA: Academic Press.

McEown, M., Sawaki, Y. & Harada, T. (2017), Foreign language learning motivation in the Japanese context: Social and political influences on self. *The Modern Language Journal, 101,* 533-547.
文部科学省（二〇一七a）．社会に開かれた教育課程（これからの教育課程の理念）Retrieved from https://www.mext.go.jp/content/1421692_4.pdf（2020年12月10日閲覧）
文部科学省（二〇一七b）．カリキュラム・マネジメントについて　Retrieved from https://www.mext.go.jp/content/1421692_5.pdf（2020年12月10日閲覧）
文部科学省（二〇一七c）．育成すべき資質・能力の三つの柱　Retrieved from https://www.mext.go.jp/content/1421692_7.pdf（2020年12月10日閲覧）
文部科学省（二〇一七d）．主体的・対話的で深い学びの実現（「アクティブ・ラーニング」の視点からの授業改善）について（イメージ）Retrieved from https://www.mext.go. jp/content/1421692_8.pdf（2020年12月10日閲覧）
文部科学省（二〇一七e）．（付録10）「外国語活動・外国語の言語活動の例」学校段階別一覧表　Retrieved from https://www.mext.go.jp/content/1407196_28_1.pdf（2020年12月10日閲覧）
文部科学省（二〇一七f）．（付録11）高等学校「外国語の目標」の科目段階別一覧表　Retrieved from https://www.mext.go.jp/content/1407196_29_1.pdf（2020年12月10日閲覧）
Nation, I. S. P. (2007). The four strands. *Innovation in Language Learning and Teaching,* 1(1), 2-13.
Shin, S. J. (2018). *Bilingualism in schools and society: Language, identity, and policy* (2nd ed.). New York: Routledge.
Straight, H. S. (1998). Languages across the Curriculum. *ERIC Digest.* Retrieved from https://eric.ed.gov/?id=ED424789 (2020年12月10日閲覧)

質疑応答・全体討論

佐藤：それでは、ここから質疑応答を行いたいと思います。まず根津先生へのご質問からご回答をお願いします。

根津：お尋ねとしては、「学習指導要領に反しているということで、具体的な処分がなされた近年の事例などがあれば」というものです。もう一つは、「教科等横断的という言葉の用例、事例数の、科目による偏り」に関する質問です。

画面を共有します。学習指導要領の内容ですと、保健体育分野の未履修が、公立中学校でありました。過去一〇年間にわたって保健の授業をやっていなかったと。結局、生徒は知らずに卒業していくわけです。誰がそれをどう保障するのかという、教えられるべきものが教えられていなかったことにどこで気付けばいいのか。非常に難しい問題だと思います。保健分野だからなのか。他の授業、教科等でもあり得るのではと、気になります。次は別の複数の公立中学校で、授業時数が不足した新聞記事です。授業時数が足りなければ、内容もどこか削って、やっていないところがあったはずです。学級づくりなどに時間を割いたという釈明ですが、各校で校長の認識不足があったと。校長先生は教育課程の管理責任もあるわけですが、大丈夫かなという印象です。教科等を担当される先生方もですが、管理職のレベルでどうなっているのか。ただ、各校とも教科書の内容は全て教えているとし、補習はしない。標準時数を満たしているという報告は虚偽と言わざるを得ない、指導を徹底したいと、厳しいです。先ほどご発表であった未履修ですが、文部科学省のＨＰでは、教科書の無償給与の下に、画面の通り出ています。かなりの学校数です。この話を教職課程等でしますと、学生から「自分はそうだったのではないか」と、未履修問題の当事者が、かつては多かったです。先ほどの保健体育ではないですが、近年でも、「自分はどうもあの内容をやっていないのではないか」と。大学に来て、皆から「それはやっている」と聞いて、「え？なぜ？」ということが起こっています。気付かれない未履修が潜在的にあるのでは、という気がします。

もう一つ、「教科等横断」のお尋ねです。画面は教育課程部会の資料です。調べますと、教科等横断的という言葉がよく使われているのは、ＳＴＥＡＭです。文理類型にかかわらずいろいろなもの、こちらの画面もＳＴＥＡＭ、あるいはもう少し前はＳＴＳですか。いろいろなところから展開して、今日に至っています。総合的な学習の時間や総合的な探究の時間、そして理数探究などでも出てきます。ただ、これらだけに限定されません。まだ出始めなので、総合的な探究の時間、総合的な学習の時間が、比較的多いです。

最後に、高等学校について述べます。今日の発表でも、かなり拙速であるという批判、あるいは内容についてもっと吟味する必要があるというお話がありました。そもそもの授業時数が限界に近い、と私は思うのです。例のネットの高校は最低限の七四単位なので余裕がある、という見方もあります。この画面は五年前の調査結果ですが、普通科の約一五％は九五単位以上です。実質一学年増に近いです。四年分の内容を三年間でやっているところが、高等学校にあるのではないか。大学受験対応もあり、時数不足をカリキュラム・マネジメントで何とかせよという発想かもしれませんが、無い袖は振れぬどころかパンパンに膨れている状態で、これ以上何をすればいいのだと。それも含め、どこか減らせということなのか。いいものだからたくさんやろうという発想はやめなければ、と個人的には思います。どこまで引き算をしていけるか。組み木のパズルを一本ずつ抜いていくような感じで、どれをやめても学校として存立できるかという発想も、求められると思いました。

佐藤：これについて追加のコメント、ご質問などはありますか。

近藤：今、引き算の発想というお話がありましたが、私はむしろ高校三年制はもう無理なので、四年制にした方が良いと思っているのですが、いかがでしょうか。

根津：教育予算の三倍増が先かという気がします。高校四年間というものは、定時制が四年間ですが、高等学校と中学校との境目をつないだ、中等教育学校もあるわけです。あの六年間の使い方や、義務教育との関連で、六・三・三というやり方自体を考え直す必要がある気もするのです。直接的につながるか分かりませんが、幼児教育の義務化まで来ると、どんどん学校教育が長くなり続けていることも心配です。逆に高校は二年、一年でいいという発想も、ありではないかと。成人年齢の引き下げは、学校を終え、それだけ早く社会に出る機会も増えると思うのです。近藤先生、いかがでしょうか。

近藤：おっしゃるとおり、それも一つの考え方だと思います。確かに学校に通う時間が長くなり過ぎることが問題だというのはよく分かります。ただ、世界的に見ると、修学期間は長くなる方向で、日本の学校教育に対する考え方には、やや硬直化している面もあるのではないかと思ったものですから、お尋ねしてみました。ご回答ありがとうございました。

佐藤：学習指導要領の在り方そのものにも関わる議論で、貴重なご意見だと思います。では、次の五味渕先生へのご質問が二つ出ていますので、五味渕先生、よろしくお願いします。

五味渕：私宛てには二つ質問を頂戴しています。一つは、文学を感性や情緒と結び付けてきたのは、高等教育はともかく、中等教育はずっとそうだったのではないか。つまり高等教育と中等教育の溝はこれまでもあったし、むしろその溝が放置されてきたことに問題があるのではないかというご指摘です。もう一つのご質問は、私の話の最後のほうで、文学研究者による投げ込みでもできるような文学国語の授業提案について、具体的にどういう授業を提供してもらえるのかという質問をいただきました。おそらくこの二つの問いは関わっていると思いますので、合わせてお答えします。

最初のご質問ですが、特に中学、高校の中等教育の国語の教員養成は開放性で動いていて、教育学部と文学部という二つの学部で行われてきたわけです。教育系と文学系とそれぞれ専門知として歴史を刻んできた結果、距離がだんだん広がっているというのが私の思うところです。ですので、ご指摘のとおり、これまでも中等教育、高等教育で国語や文学の理解には差があったと思いますが、今回の私の問題提起の中で、新指導要領、高校国語について批判してきた側が問われるというのは、まさにそこを問題にしたかったからなのです。私は別に近現代文学研究を代表するわけではありませんが、私も含め、文学研究者側が中等教育の国語科においてどのような教育がなされていて、どのような蓄積があるかについてあまりにも知らなさすぎた。そのことを、改めて反省しなければならないと考えています。

もう一つの質問は、ではどういうことができるかということですが、教総研の和田所長が以前にお書きになった論文で、新しい文学国語という授業、新しい高校国語の授業の中で、検閲という問題を取り上げたらどうかという問題提起をされています（「読書を調べる、教える」『国語科教育』二〇一九年三月）。和田先生は、国会図書館のデジタルデータで検閲正本というものがある、それが使えるのではないかという示唆をされていますが、確かに検閲というテーマは、メディアリテラシーという観点からすると非常に重要だと思います。というのも、中学、高校、特に高等学校の国語の授業に関しては、教室という特殊な読書空間というのでしょうか、読書空間、読解空間があり、それはそれで重要だと思いますが、一方で言葉を読む場所そのものに目を向けていく作業を高校国語はあまりしてこなかった。どのような言葉を読んでいるのかだけではなく、その言葉がどのように流通し、受容されてきたのか。あるいは読むことや書くことにどのような社会の力が働いているのか。表現規制の問題は、おそらく生徒さんにとって身近なアニメーションやサブカルチャーのコンテンツで問われている部分ですが、実はそれは古くて新しい問題であり、まさに今研究者が取り組んでいるテーマでもありますので、そういった内容については、道筋というのか、一つの問題提起を研究者の側ができるのかなと感じています。

佐藤：続きまして、近藤先生への質問は三つあります。

近藤：三つのご質問をいただきましたが、最初が「中教審の議論を見ていると、高校社会科の用語の精選がどこまでなされるのか疑問に感じています。試験勉強等でひたすら用語を覚えるような学びから脱却できるのでしょうか？」ということです。

このご質問につきましては、学習指導要領の問題というよりも、むしろわれわれが行っている大学の入試が決定的に大きな意味を持っているように思います。

とはいえ、もちろん今回の学習指導要領の改訂に際しては、内容や用語の精選の問題も議論されましたので、その点を確認しますと、まず二単位＋二単位が二単位にしかならないことがわかった時点で、内容の精選が必要なのは明らかでした。ただ、特に用語を制限するというのは歴史理解の中身に踏み込むことになりますので、国家機関がそれを行って良いのかという問題が出てきます。そういうこともありまして、この問題にはたとえば高大連携歴史教育研究会という高校の先生方を中心とする団体が取り組んでこられたのですが、その研究会が一つの考え方として示した用語案のなかに坂本龍馬がいないというので、右派のメディアが批判を始めたところから、表立って議論ができなくなってしまったということがあります。もともと学問的な観点からだけでも、精選を実際に進めるのは難しいわけですが、そこに政治が介入してきたために、どうしようもなくなって今日に到っているということになります。

次に、和田先生からですが、「歴史を二項的に把握して文章でまとめるという方法やその批判は、国語教育とも重なってくると思います。こうした書き方については、ノウハウや指導は具体的に何を基に行うことになるのでしょうか」というご質問をいただきました。

このことにつきましては、分からないとしかお答えのしようがなくて申し訳ないのですが、なぜこういう要求がなされるようになったのかについていえば、結局のところ、それぞれの教科の教育について抽象的に考えられてしまった結果だろうと思われます。

つまり学習内容に応じて、考えることの質や中身は違うはずなのですが、そういう個別の中身に文科省のほうで入らなかったというか、入れなかったのだと思います。これは、いま申し上げた学習内容を精選できなかったというのと事実上同じことですが、たとえば歴史について言えば、従来どおりに通史的に教えることを前提に学習指導要領を書いたために、こういう形になってしまったわけです。ちなみに、私が馴染んでいるドイツの考え方では、歴史は飛び飛びで良いとされています。ドイツの教育学には「隙間への勇気（Mut zur Lücke）」という言葉がありまして、たとえば歴史は古代から現代までつながったものとして教える必要はなく、ところどころを切り取って、それぞれの時代の特徴や、それが現在に対して持っている意味を学べば良いと考えられています。そもそも、完全な通史というのはあり得ないわけで、従来の教育用の通史は学問的に見て、かなりきめの粗いものです。そして、こういう教育観に立つことで、それぞれの時代を扱う際には、生徒はどういう思考ができるようになれば良いかが把握しやすくなります。ところが、今回の学習指導要領改訂では、そういう割り切りができなかったために、近現代史を学ぶときには、すべて先ほどご紹介した五つの対立軸のいずれかの視点で扱ってくださいという，無理のある形になっているのだと思います。

最後に、地理歴史専修の小森先生からですが、「アクティブ・ラーニングをやっていくのであれば、それを生かすためには、いっそのこと歴史は大学の入試科目から外したらいいのではないか」というご意見をいただいています。

このご意見については、おっしゃることはよく分かります。私もそう考えることはありますし、歴史だけでなく、そもそもいつまで大学入試をやっているのだろう。入試がいらない大学のあり方を考えたほうが良いのでは、とも思うのですが、もう一方で、歴史についても試験科目から完全に外す必要はないようにも思います。つまり、なくしてもいいけれども、なくす必要はないというのが私の意見です。たとえば国立大学でも入試における歴史科目は選択制にして、理系の生徒など、歴史にあまり関心がない生徒は受験しなくて良いようにして、その一方で試験問題はすべて論述式にする、つまりドイツやフランス、イギリスの大学入学資格試験のような形にしていくということです。こうすることで、高校では歴史を受験科目に使わない生徒と、それを使う生徒に分けて、それぞれに対して有意義な授業を行いやすくなりますし、とくに後者に対しては、歴史の学力を今までよりも測定しやすくできると思います。問題は、論述式を原則にすると、従来の私立大学のような入試を行うのが難しくなるということですが、そこについてはテクニカルな対応がいろいろ考えられるのではないでしょうか。

佐藤：次に山本先生へのご質問です。

山本：ご質問を三名のかたからいただきました。お一人目は「プログラミング的思考というのは高等学校では今後出てくる科目の論理国語について示唆的であると思いました。論理学を含め、国語科への導入事例などがあれば聞いてみたいと思いました」です。お二人目は、「小学校段階でのプログラミング教育の目標が〝プログラミング的思考を育てる〟に留まっているにもかかわらず、学校外では、スキルの習得を目指す塾が盛況、ということをどうお感じになりますか」「数年経つと、学校教育では物足りないと感じる子どもたちが増えませんか」、また、「現場では、プログラミングという教科の名前がよくないのか、プログラミング言語の習得が目標と考えている先生方や保護者もたくさんいるのは確かに感じます。これから先、具体的に変えていかなければいけないと思いますが、まず現場の先生、学校は何に取り掛かればいいと思いますか」でした。お三人目は、「プログラミング教育は、音楽や美術など、芸術分野でも適用されるものでしょうか。具体的な実践事例などもありましたらお教えいただけますと幸いです」。

一つ目の論理国語にとってプログラミングはサブセット（部分集合）です。論理的に考えて順番に文をつづる点は共通です。決定的に違うのは、論理国語はおそらく自然言語です。人間が理解できて、人間同士でコミュニケーションをするための言語であると思います。プログラミングのほうは、人間対人間ではなく、人間対コンピュータのための記号を利用します。また、人間ではできないこともコンピュータは実現できますので完全なサブセットではないのですが、考え方としては共通部分があるということです。

また、プログラミングの場合は、コンピュータに実装できるかというのが重要です。したがって、国語科の導入事例はたくさんあります。たとえば小学校では、物語を学んだ後その続きを自分で考えて物語をプログラミングで作るという授業もあります。小学生ですので、論理国語につながるような実践はまだないのですが、プログラミングを通して、論理的に考えるよい学習環境となっています。

二つ目の塾のほうが先に進んでしまったらどうしようという話ですが、これはピアノや水泳の習い事と一緒です。小学校の先生はご存じかと思いますが、新学期のクラス編成の際にピアノのできる子が集まらないようにしますね。なぜかというと、合唱コンクールの伴奏をしてもらうために、一クラスにピアノができる子を集めてしまうと合唱祭がうまくいかないので、クラス編成では、仲のいい子、悪い子を考えながらも、合唱祭に向けてピアノのできる子は散らばるようにします。プログラミングも似た構造で、できる子がいれば、その子を中心にクラスを引っ張っていけばいいので、プログラミングができる子も、将来的にクラス編成では何々ちゃんは一組で何々ちゃんは二組となる可能性もあります。

先生方はどう取り組めばいいかということですが、最初にお話ししたとおり、現職の多くの先生方はプログラミングを学んでいません。習っていないと教えることができないという不安感があります。しかし、プログラミングは自分が完全に知っていないと教えられないという世界観を崩すのにちょうどいいのです。先生も子どもたちと一緒に学ぶという姿勢がとても大切です。なぜなら問題解決の正解が一つではないからです。今まで見てきたプログラミングが面白く活動できているクラスは、先生も一緒に学ぼうという姿勢を持っていることが多くありました。そして子どもたちも主体的になります。

最後のご質問の美術、芸術の話ですが、先ほどの根津先生の資料にありましたＳＴＥＡＭ教育の頭文字ＡはＡｒｔ（アート）ですよね。したがって、科学技術と美術の親和性は良く、そういうアートも今後は扱っていくことになります。特にプログラミングの場合は、音楽であれば、楽器が演奏できない子もプログラムを使って音楽を演奏できるのです。絵がにがてな子もフリーハンドで書くのはつらいけれども、プログラミングをしてみるとだいぶ面白い幾何学模様ができるのです。したがって、子どもの能力を増やすという意味では、プログラミングは今までの自分が全部できなければいけないという世界を超えるいいチャンスだと思っています。

佐藤：続きまして原田先生からご回答いただきたいと思います。

原田：幾つかご質問をいただきました。その中で共通した質問がありました。私の話の中で、英語をなるべく使うという方向に変化していかなければいけないと申し上げましたが、言語を使う体験を英語で体験させられるほど教師の英語力がないため、暗記型、パターン型の練習中心の授業が多くなってしまうということで、どのようにしたらよろしいでしょうかというご質問です。私は先ほど暗記型、パターン練習は二五％程度として、残りはなるべく英語を使う方向にという話をしました。しかし、他の方の質問にもありましたが、教師の英語力が非常に不安であるということです。これはある意味で同感です。去年でしたか、国公立大学でＡ１レベル（中学校卒業レベルの英語力）でも受験ができるという学校が結構あったので、英語教員養成をしている大学では学生の英語力をもっと伸ばしていかなくてはならず、私たち大学教員の大きな責任だと感じています。具体的にどうしたらよいかという私見を述べてみます。

たとえば、一つは小学校の英語授業で教師が英語に自信がなくとも、アシスタントのＡＬＴとできる限りのコミュニケーションを取ることが大切だと思います。授業の前に話をする機会を探し、英語を使わせるためにどういう指導案を作るのかを少しでもＡＬＴと話し合ってほしいです。そういうところに英語専科の先生、あるいは教育委員会等で仕事をされている人が仲介として入り、さらにより良い方向に導いていく。その意味では、ＡＬＴの存在意義を考え直す必要もあると思います。

もう一つは、英語の授業も他の授業もそうだと思いますが、外国語活動の場合には地域との協力が非常に必要になってきます。地域には、普段英語を使って仕事をしている、あるいは海外に長くいた、そういう人たちがいるはずです。もちろん保護者の中にもいるはずです。そういう人を普通に学校に呼び込み、一緒に授業を作っていってはどうでしょうか。海外と日本の小学校を比較して気が付いたことですが、もう少し地域の人が気軽に学校に来て、授業を先生と一緒に作っていく方法を取り入れたらいかがでしょうか。

最後に、英語力がないのに教えなければいけないという状況になっている場合、先ほど先生もプログラミングができないという話がありましたが、とても似ていると思います。先生も子どもたちと一緒に英語を学び直すことができたら、とても素晴らしいことだと思います。新しい言語を学ぶとか既習の言語を学び直すということは、子どもはこのようなところで辛い思いをしていたのか、このように難しいことを覚えなければならないのかなどを教師がもう一度再認識をするということです。それが英語教育、外国語教育そのものを変えていく原動力になるはずです。

佐藤：原田先生、ありがとうございました。近藤先生と五味渕先生に、これは先ほど来出ている入試との関係ということですが、共通のご質問が出ていますので、ご回答いただけますでしょうか。

五味渕：では、私から先にお答えします。試験の評価は難しいですよね。何が「いい試験」なのかというのはなかなか難しいと思います。先月一一月に大学入試センターで総括のシンポジウムが行われたのですが、限定された条件の中で、非常にいろいろなことが考えられていたことを改めて確認させられました。

近藤先生のご報告の中にもありましたが、大学入試センターの方のお話を聞いて、時間をかけることの大事さを改めて感じた次第です。先ほど私の報告でも少し申し上げましたが、今回、国語科の高校国語が問題になった大きな理由の一つは、共通テストの試行調査です。誘導されたという言葉がきついかもしれませんが、センター試験そのものも、かなり早い段階から新指導要領を意識した内容になっていたという指摘がされていますし、私もそうだと思っていました。テストを変えて、そのことによって教育内容、高校の授業内容にインパクトを与えるというショック療法のようなやり方が取られたと私は理解していますが、拙速で準備不足だったという思いはぬぐえません。新指導要領が完全に実施されてからでも遅くなかった気がします。政治的な背景が大きかったのだろうと思うのですが、大学入学共通テストに関しては、国語の記述式問題がないバージョンをわれわれはまだ見ていないのです。今年（二〇二〇年）の一月に萩生田文科大臣が記述式を外すと言いました。ではその記述式がないバージョンの試行調査はいつやるのか。それはできなかったわけです。そういう意味では、まだまだ積み残した課題が多いまま、見切り発車をしてしまうことに個人的に不安を感じます。もう一つ特徴的なこととして、複数テキストからの出題なども国語では盛んにいわれています。これは専門的な話になりますが、作題技術的に非常に困難なタスクですので、このテストの形態は持続可能なのか不安であるというのが今の私の考えです。

近藤：今、五味渕先生からお話がございました作題が大変だというのは、歴史にも全く同じことが当てはまります。その上で少し状況が違いますのは、歴史の場合には、記述式の問題が比較的早い時点で共通テストから外されたということです。そういうこともありますので、今回、新学習指導要領が始まる前に共通テストが行われることについて言えば、それは、むしろ今後も従来の試験の形を基本的に維持する方針を宣言するという意味があるのだと思います。問題は、その方針をどう評価するかですが、当面やむを得ないのかなという気もする一方、受験年齢層はこれからもさらに減っていくわけで、たとえば三〇年後に大学入試制度はいまのままではあり得ないだろうと考えますと、今回の拙速な判断が、かえって改革のタイミングを逸することになるのではないかと心配されるところかと思います。

佐藤：これで一応Q＆Aの質問については対応させていただきました。「教科等横断」というお話もありましたので、先生方の間でご質問などありましたらお願いします。

五味渕：原田先生のご報告を、非常に共感を持って拝聴しました。特に最後の地域に開かれた外国語活動ということで、各地域の特質やそれぞれ抱えている社会の中身に応じた外国語活動ということをご指摘されたと思うのですが、おそらくそのことと第一言語である国語科、日本語の教育とは非常に関わるところがあると思うのです。外国語活動と第一言語である国語科教育の架け橋というか、接点についてお考えがあれば伺いたいと思います。

原田：ご指摘をいただきありがとうございます。おそらく日本語が母語でない子どもたちが日本語を十分に使えるようになり、また様々な観点から物を見られるようになるには、彼らが持っている言語や文化を大切にしながら、日本語教育を行うことが非常に大切なことだと思います。海外では継承語言語教育といわれていますが、継承語言語教育を充実させることで、多数派言語話者と少数派言語話者がうまく共生できるようになるはずです。もう一つは、子どもたちの側から考えると、継承語言語教育をすることによって、多数派言語、日本の場合には、日本語が非常に効率よく習得できるという研究報告がされています。そういう観点から今日のお話を申し上げました。

五味渕：ありがとうございました。

佐藤：それでは、原田先生、よろしくお願いします。

原田：私は英語科教育法を担当していた時に、学習指導要領をテキストにして授業を展開していました。その時に気付いたのが、先ほどどなたかも仰っていましたが、学習指導要領は、どうしてあのように分かりにくい日本語を使っているのかという疑問でした。学生からも何が書いてあるか分からないという指摘を何度も受けました。私の国語力が乏しいせいか、外国語学習指導要領が理解できないのです。一文も長く、理解するのに非常に時間が掛かります。どうしてあのような書き方をするのでしょうか。非常に愚かな質問かもしれませんが、学習指導要領を基にして授業をつくる先生方がどう理解するのか、また理解しやすい学習指導要領を書かなければ深く浸透していかないのではないでしょうか。

根津：私もそれは全く同感で、悪文の典型だと思います。学生に学習指導要領を音読させるのですが、まず読みながら意味を取るのが非常に難しいところがあります。この間の状況を見ていますと、前のものを少し変えて、少しずつ継ぎ足すような感じで新しい要素を入れていくので、どんどん一文が長くなる傾向がありそうです。別の動向としてはコード化ですか、ナンバーを振っていくわけです。これは他国を参考にしながらだと思うのですが。学習内容を文章で書くよりは、何らかのマトリクスの作成なりソートなりをしやすいように、コードを打って学習内容を規格化することが考えられているはずです。

ただ、どう言えばいいのでしょうか。関係者の方には大変申し訳ありませんが、わざと読みにくくして解釈を多義的にするためかと、うがった見方をしたくなります。背景として、文科省側といいますか、書いている方というより、教育再生実行会議や経済産業省など、様々な見解を足した結果として、ああいう文章ができてしまうのではないかと。首尾一貫しているとは言いにくく、一種の妥協の産物としてああいう文章になる、といえそうです。

佐藤：アクティブに学ぶように書いてあるもの自体がアクティブに学びにくいというご意見ですが、これも学習指導の在り方を問うご提案と思います。近藤先生からも一〇年に一度の改訂で妥当か、適宜、あるいは教科ごとに、というご提案もありましたが、学習指導の在り方そのものも検討していく必要があると私も感じました。最後に先生方から簡単に一言ずつ今日の講演会を踏まえての感想、コメントなど頂けたら幸いです。ご登壇いただいた順番で根津先生からよろしくお願いします。

根津：気が付いたことは、未履修問題の影響の大きさです。二〇〇六年には教育基本法改正もありましたが、高等学校は未履修の影響が大きく、二〇〇八年の学習指導要領では十分対応できず、今回二回分の改訂を一回でやったという面がある、と思った次第です。

五味渕：まさに教科等横断の時間でした。私もかなり偏った問題意識から発言をしましたが、先ほど根津先生も予算のことを仰っていましたが、新学習指導要領に書かれていることをもし本気で実施したければ、予算と人の手当てこそが重要だと思います。もちろんできないことを訴えていくことも大事ですが、これをさせるなら時間とお金が欲しいと主張する、そういう使い方もあると思いました。今日いただいた質問を持ち帰り、自分でも勉強を深めたいと思います。

近藤：私が申し上げたかったのは、とにかく党派的な思惑で教育課程を変えるのはやめてほしいということです。

世界史を必修から外せとか、あるいは公共で道徳教育を行うようにといった要求に対して、今回は歴史総合という新科目を急造したり、道徳を政治哲学的な内容に読み替えるといったことで、なんとか現実的かつ穏健な範囲に踏みとどまれるよう試みたわけですが、こうした対応には限界があります。つまり，教育を取り囲むわれわれの社会がすでに崖っぷちにあるわけで、今日、ほかの教科のお話もうかがいまして、そういう根本的な問題についても考えていかなければならないと改めて思った次第です。

山本：この一〇年はプログラミング教育の導入期です。語弊があるかもしれませんが、学校において先生方はプログラミング教育についてはうまくいかなくてもいいのです。失敗ではないのです。ICTを含めてこれらは手段です。手段なので、目的と手段を混同しないでいただきたいと思います。さらにプログラミングは道具なのです。もちろん、鉛筆やノートに比べて少し複雑な道具ですので、手になじむ時間が必要です。プログラミングを含めてICTは普段からこまめに利用することがとても有効です。さらに、先生方が全部を学ばないと教えられないという固定概念も崩すいいチャンスだということです。一緒に学ぶ姿勢がとても楽しい活動につながります。ぜひチャレンジしていただきたいと思います。

原田：最後にということで、一つご質問をいただいていたので簡単にお答えします。今後、積極的に他教科と横断的に学習をマネジメントすることが必要になっていくでしょうかという質問です。外国語教育、英語教育をより良い方向に持っていくために、ある内容を外国語で教えなければならないという動きは、非常に健全だと私自身は考えています。言語の本質は内容ですし、内容がないと言語の機能は果たされないわけです。また、内容中心の外国語学習は動機も非常に高まると思います。

　最後に一言、先ほども質問しましたが、もしこの場に学習指導要領作成に関わっている方がいらしたら、学習指導要領を読みやすいように変えていただきたいと思います。あれを読んでも、「主体的・対話的で深い学び」は到底できなく、「資質・能力」などに繋がるようなものが頭に残るとは思えません。文科省の方にこの場にいてほしいのですが、あのような学習指導要領を出している限りは、何も教員に伝わらないと思います。大変申し訳ありませんが、これは声を大にして、私は今まで英語科教育法を何年も教えてきましたが、あれを読むほど苦痛な時間はありませんでした。文科省の方、よろしくお願いします。

佐藤：先生方、ありがとうございました。ちょうど予定の時間となりましたので、これにて講演会を終了したいと思います。今日ご参加の皆さま方、本当にありがとうございました。参加してくださった学術院の先生方にも、心よりお礼申し上げます。何よりも、今日ご登壇の先生方、お忙しいところをお引き受けいただき重ねてお礼を申し上げます。

「早稲田教育ブックレット」№.25刊行に寄せて

佐藤　隆之

「早稲田教育ブックレット」№.25は、第三一回早稲田大学教育総合研究所教育最前線講演会「新学習指導要領、どう変わるか」（二〇二〇年一二月一二日開催）をテーマとしました。「基調提案」でもふれさせていただいた通り、二〇一七年に改訂された学習指導要領をよい意味で批判的に検討し、「どう変わるか」の理解にとどまらず、私たちの手でよりよいものに「どう変えるか」提案することを大きなねらいとしました。そのねらいに適う内容になっていますので、是非ご一読いただければ幸いです。

どのご提案も、主たる改訂にふれながら、学習指導要領のあり方を問い直すような骨太の主張となっています。全体討論の最後には、学習指導要領の書き方・読み方の話にまで議論が広がりました。また、各教科をご専門とする先生方のやりとりでは、国語を軸とする社会、英語、算数・数学の接点や統合が論じられています。学習指導要領でいう「教科横断的」をまさに体現するような内容といえるでしょう。

他方、コロナ禍で新学習指導要領をどう実践するかという、もう一つのテーマについては、少なくとも表立っては議論されることはありませんでした。しかし、それは先述の通り、いたずらに時流に流されることなく、よりよい学習指導要領のあり方や捉え方を真摯に問うた結果ともいえるでしょう。根本から問い直す内容となったのは、未曾有の事態にあったことと無関係ではなく、その意味で本書は、ウィズコロナの状況下で新学習指導要領をどう実施するかという問いに対する一つの回答となっています。

このような企画を実現することができたのはひとえに、ご登壇くださった先生方のおかげです。初のオンラインでの開催となりましたが、多くの方がご参加くださいました。編集・刊行の実務を担ってくださった方々に今回も大変お世話になりました。この場をお借りして、心よりお礼申し上げます。

（早稲田大学教育総合研究所　副所長）

著者略歴（2021年３月現在）

根津　朋実（ねつ　ともみ）
早稲田大学教育・総合科学学術院教授　博士（教育学）
略歴：筑波大学第二学群人間学類卒業、同大学大学院教育研究科修了・教育学研究科単位取得満期退学。埼玉大学講師、筑波大学講師・准教授・教授を経て、二〇二〇年四月より現職。専門はカリキュラム評価、カリキュラム開発。著作：『カリキュラム評価の方法』（単著）、『カリキュラム評価入門』（共編著）、『カリキュラムの理論と実践』（共著・近刊）。

五味渕　典嗣（ごみぶち　のりつぐ）
早稲田大学教育・総合科学学術院教授　博士（文学）
略歴：慶應義塾大学大学院文学研究科博士課程単位取得退学。中央大学附属高等学校、大妻女子大学文学部教員を経て現職。専門は近現代日本語文学・文化研究。

近藤　孝弘（こんどう　たかひろ）
早稲田大学教育・総合科学学術院教授　博士（教育学）
略歴：東京大学教養学部教養学科国際関係論卒業、東京大学大学院教育学研究科博士課程単位取得退学。東京学芸大学海外子女教育センター講師、名古屋大学大学院教育発達科学研究科准教授・教授を経て現職。専門は政治／歴史教育学、比較教育学。

山本　光（やまもと　こう）
横浜国立大学教育学部教授　修士（教育学）
略歴：横浜国立大学教育学部卒業、横浜国立大学大学院教育学研究科修了、横浜国立大学大学院環境情報学府博士課程単位取得満期退学。株式会社野村総合研究所、横浜国立大学教育人間科学部助手、講師、准教授を経て現職。専門は情報教育（著作権、情報モラル）、算数数学教育。『やさしくわかるデジタル時代の著作権』（共著）、『親子でかんたんスクラッチプログラミングの図鑑』（共著）。

原田　哲男（はらだ　てつお）
早稲田大学教育・総合科学学術院教授　博士（応用言語学）
略歴：早稲田大学教育学部英語英文学科卒業後、高等学校の英語教員を経て、筑波大学大学院教育学研究科、ロンドン大学大学院ユニバーシティ・カレッジ修士課程修了、カリフォルニア大学ロサンゼルス校（ＵＣＬＡ）にて応用言語学博士を取得。オレゴン大学、カリフォルニア大学ロサンゼルス校で教鞭を執り、二〇〇五年から現職。専門は、第二言語習得、外国語の音声習得、英語教育、バイリンガル教育など。

和田　敦彦（わだ　あつひこ）
早稲田大学教育・総合科学学術院教授　博士（文学）
略歴：信州大学人文学部教員を経て、現職。早稲田大学教育総合研究所所長。専門は日本近代文学、出版・読書の近代史研究。

佐藤　隆之（さとう　たかゆき）
早稲田大学教育・総合科学学術院教授　博士（教育学）
略歴：玉川大学教育学部教員を経て、現職。早稲田大学教育総合研究所副所長。専門は教育思想（アメリカ）。